智能财税岗课赛证融通教材·高职系列

智能会计信息系统应用

中联集团教育科技有限公司　组　编

吴晓霞　徐志刚　谢真孺　主　编
周列平　郑楼英　李　典　副主编
包根梅　曹致浩　杜梦仪　郭赞伟
何海东　邝　雨　唐李昶　王锐涛　参　编
熊　霞　张　楠　朱荟中
（参编排名不分先后）

电子工业出版社
Publishing House of Electronics Industry
北京·BEIJING

内容简介

本书以最新企业会计准则、国家财经法规为指导，可满足高等职业教育财会类专业会计信息化、智能财税等课程的教学需要。本书分会计信息系统定制服务、发票开具、日常财税业务处理、资产管理、智能工资、期末业务处理、纳税申报和综合训练8个单元，前7个单元设有任务情境、任务准备、任务实施、任务评价和任务拓展等模块。本书基于企业真实工作展开，主要面向智能财税共享中心、专业服务机构和企业财税会计工作岗位群，案例涉及不同业务场景和不同岗位任务，为培养学生会计信息化职业素养、锻炼学生业财税一体化思维提供支持。

本书基于财税行业的新业态和新需求，以培养复合型财会人才为目标，以会计信息系统工作为主线，培养学生业务处理、技术应用、数据分析等职业能力。全书配套资源丰富，既可作为高等职业教育财会类专业的学习用书，也可作为企业管理人员的自学参考用书。

未经许可，不得以任何方式复制或抄袭本书之部分或全部内容。
版权所有，侵权必究。

图书在版编目（CIP）数据

智能会计信息系统应用 / 吴晓霞，徐志刚，谢真孺主编 . — 北京：电子工业出版社，2023.1
ISBN 978-7-121-44740-2

Ⅰ.①智… Ⅱ.①吴… ②徐… ③谢… Ⅲ.①会计信息－财务管理系统－高等学校－教材 Ⅳ.① F232

中国版本图书馆 CIP 数据核字（2022）第 243583 号

责任编辑：贾瑞敏
印　　刷：北京雁林吉兆印刷有限公司
装　　订：北京雁林吉兆印刷有限公司
出版发行：电子工业出版社
　　　　　北京市海淀区万寿路173信箱　邮编　100036
开　　本：787×1 092　1/16　印张：10　字数：256千字
版　　次：2023年1月第1版
印　　次：2023年1月第1次印刷
定　　价：42.00元

凡所购买电子工业出版社图书有缺损问题，请向购买书店调换。若书店售缺，请与本社发行部联系，联系及邮购电话：（010）88254888，88258888。

质量投诉请发邮件至 zlts@phei.com.cn，盗版侵权举报请发邮件至 dbqq@phei.com.cn。
本书咨询联系方式：邮箱 fservice@vip.163.com；手机 18310186571。

"智能会计信息系统应用"是高等职业教育财会类专业的一门专业核心课程。本课程依托中联集团教育科技有限公司的智能财税共享服务平台,面向智能财税共享中心、专业服务机构和企业财税会计工作岗位群,培养学生会计信息系统应用职业素养,使其掌握利用智能财税软件完成企业财务、会计、税务业务处理的能力,是一门综合性、实践性和应用性比较强的课程。

本书是多所高等职业教育院校教师通力合作的成果,承载着编者致力于探索高等职业教育数字化财会人才培养的共同意愿,以期提供一本能够让高等职业教育院校财会类专业开设智能财税课程的好教材。

一、本书内容

本书以企业真实业务为主线,对接新经济、新产业链下的新工作领域、新工作任务和新职业技能要求,系统讲解智能财税共享服务平台的业务处理流程;采用任务驱动方式,按照任务情境、任务准备、任务实施、任务评价和任务拓展的顺序,明确学习任务清单;按照"工作岗位——解析工作领域——工作任务——能力标准——课程体系"的脉络,设计业财税一体化处理流程,满足新的职业素养、专业知识和技术技能要求。为方便教师教学与学生学习,本书配套丰富的数字化教学资源,为院校数字化财会人才的培养目标提供支持。

二、本书特色

1. **适应新形势**。本书基于财税行业的新业态和新需求,融合思政教育,以会计信息系统工作为主线,以会计信息系统岗位任务为驱动,培养学生业务处理、新技术应用、数据分析等专业能力,锻炼学生业财税一体化思维,实现复合型财会人才的培养目标。

2. **对接"1+X"证书**。本书对接智能财税职业技能等级证书考试,内容包括会计信息系统定制服务、发票开具、日常财税业务处理、资产管理、智能工资、期末业务处理、纳税申报和综合训练8个单元。除综合训练单元外,每个单元都设有任务情境、任务准备、任务实施、任务评价和任务拓展等模块,培养学生能够利用智能财税共享服务平台,从事业务核算、财务核算、税务核算等智能财税工作的能力。

3. **体现新形态**。基于计算机网络和手机在教学中的广泛应用,本书配备了大量教学资源,包括微课、多行业案例集、操作视频、课程PPT、配套实训案例等,学生随时随地可通过智能财税的课证融通平台实现线上听讲、训练及与教师互动，为新专业标准下课程教学的开展提供有力支撑。

三、教学建议

编者将智能财税职业技能等级标准有关内容及要求融入本课程教学，将课程评价与智能财税职业技能考核有机融合，实现课程教学内容与岗位真实情境的有机融合。智能会计信息系统应用课程突出启发式实操教学，灵活运用项目教学法、案例教学法、教师演示法、讲授法、实操与讨论法等先进教学方法，灵活运用和组合微课视频、多媒体资源、网络课程等多种现代化教学手段，发挥信息化教学的特点和优势，提升学生建构知识体系的能力。

教学项目通过任务驱动、情境教学等教学方式，在会计信息系统实训室采用"教、学、做一体化"教学方式完成，可按照设计、计划、演示、实操、反馈与评价、提高六步教学法组织教学。教师可按教学项目的具体要求和工作过程分配教学时间，在教学过程中将学生分为若干小组，各成员扮演不同会计信息系统岗位角色，从而提升学生团队协作的能力。

在实践教学中，可开展多层次递进练习与指导，教师组织学生以个人或小组为单位反复实践操作，教师巡回辅导、指导，对练习中出现的问题进行纠正，对于普遍性问题及时做补充讲解，提高学生实际解决问题的能力。

四、分工

本书由浙江经贸职业技术学院吴晓霞、湖南商务职业技术学院徐志刚、江西现代职业技术学院谢真孺担任主编，由长江职业学院周列平、浙江经济职业技术学院郑楼英、广东农工商职业技术学院李典担任副主编，浙江经贸职业技术学院包根梅、重庆财经职业学院曹致浩、丽水职业技术学院杜梦仪、娄底职业技术学院郭赞伟、丽水职业技术学院何海东、南宁职业技术学院邝雨、重庆财经职业学院唐李昶、云南能源职业技术学院王锐涛、福建信息职业技术学院熊霞、四川化工职业技术学院张楠、江苏经贸职业技术学院朱荟中担任参编。全书由吴晓霞负责拟定大纲、统稿和修改。具体分工为：单元一由吴晓霞编写；单元二由徐志刚编写；单元三、单元七、单元八由谢真孺编写；单元四由周列平编写；单元五由郑楼英编写；单元六由李典编写；综合实训案例由包根梅、曹致浩、杜梦仪、郭赞伟、何海东、邝雨、唐李昶、王锐涛、熊霞、张楠、朱荟中共同设计（排名不分先后，按姓氏拼音顺序排列）。

五、致谢

在本书的编写过程中，编者参阅了大量的著作和文献资料，在此向相关作者表示感谢。

同时，在编写中得到了中联集团教育科技有限公司的大力支持，在此表示感谢！由于编者水平有限，加之时间比较仓促，疏漏之处在所难免，欢迎广大读者批评指正。

编　者

目 录

单元一 会计信息系统定制服务 1

一、任务情境 /1
二、任务准备 /2
三、任务实施 /7
四、任务评价 /8
五、任务拓展 /8

单元二 发票开具 9

任务一 票天下认知 /9
一、任务情境 /9
二、任务准备 /10
三、任务实施 /11
四、任务评价 /14
五、任务拓展 /14

任务二 发票开具 /15
一、任务情境 /15
二、任务准备 /15
三、任务实施 /15
四、任务评价 /18
五、任务拓展 /18

任务三 发票红冲 /18
一、任务情境 /18
二、任务准备 /19

三、任务实施 /19
四、任务评价 /21
五、任务拓展 /21

单元三 日常财税业务处理 22

任务一 认知日常业务处理 /22
一、任务情境 /22
二、任务准备 /23
三、任务实施 /23
四、任务评价 /24
五、任务拓展 /25

任务二 票据采集 /25
一、任务情境 /25
二、任务准备 /35
三、任务实施 /35
四、任务评价 /36
五、任务拓展 /37

任务三 商品销售 /37
一、任务情境 /37
二、任务准备 /37
三、任务实施 /38
四、任务评价 /40
五、任务拓展 /40

任务四 存货采购 /41
一、任务情境 /41
二、任务准备 /41
三、任务实施 /42

四、任务评价 /45
五、任务拓展 /45
任务五　费用报销 /45
一、任务情境 /45
二、任务准备 /45
三、任务实施 /46
四、任务评价 /49
五、任务拓展 /50

单元四　资产管理　51

任务一　认知资产管理 /51
一、任务情境 /51
二、任务准备 /52
三、任务实施 /53
四、任务评价 /54
五、任务拓展 /54
任务二　初始设置 /55
一、任务情境 /55
二、任务准备 /56
三、任务实施 /56
四、任务评价 /60
五、任务拓展 /60
任务三　资产管理 /60
一、任务情境 /60
二、任务准备 /63
三、任务实施 /65
四、任务评价 /69
五、任务拓展 /69
任务四　资产查询 /69
一、任务情境 /69
二、任务准备 /69
三、任务实施 /70
四、任务评价 /72
五、任务拓展 /72

单元五　智能工资　73

任务一　认知智能工资管理 /73
一、任务情境 /73
二、任务准备 /74
三、任务实施 /75
四、任务评价 /76
五、任务拓展 /77
任务二　初始设置 /77
一、任务情境 /77
二、任务准备 /78
三、任务实施 /78
四、任务评价 /82
五、任务拓展 /82
任务三　智能算税 /83
一、任务情景 /83
二、任务准备 /83
三、任务实施 /84
四、任务评价 /87
五、任务拓展 /88
任务四　账证查询 /88
一、任务情景 /88
二、任务准备 /88
三、任务实施 /88
四、任务评价 /89
五、任务拓展 /89

单元六　期末业务处理　90

任务一　月末结转 /90
一、任务情境 /90
二、任务准备 /91
三、任务实施 /91
四、任务评价 /100
五、任务拓展 /100

任务二　月末结账　/100
　　一、任务情境　/100
　　二、任务准备　/101
　　三、任务实施　/101
　　四、任务评价　/105
　　五、任务拓展　/105

单元七　纳税申报　106

　　一、任务情境　/106

　　二、任务准备　/107
　　三、任务实施　/108
　　四、任务评价　/118
　　五、任务拓展　/119

单元八　综合训练　120

　　一、任务情景　/120
　　二、操作要求　/121
　　三、任务布置　/123

单元一
会计信息系统定制服务

↘ 思政目标
1. 培养学生热爱会计工作，以及忠于职守、尽心尽力、尽职尽责的敬业精神。
2. 培养学生提高专业技能的自觉性，使他们勤学苦练，不断提高业务水平。

↘ 知识目标
1. 熟悉会计信息系统的应用方案。
2. 掌握智能财税共享服务平台的定制思路。

↘ 技能目标
1. 能够对新时代下的会计信息系统应用有基本了解。
2. 能够根据企业的业务需求，使用智能财税共享服务平台为企业提供定制方案。

一、任务情境

（一）任务场景

北京紫林集团财税共享中心作为一家提供综合性财务解决方案的集团公司，为中小微和大中型企业提供进销存业务处理、商旅报销、票据管理、会计核算、资产管理、薪税管理、纳税申报、税务咨询、管理会计咨询等服务，帮助企业实现智能OCR票据识别、智能生成记账凭证、工资及"五险一金"的自动核算、会计报表自动编制、一键申报个人所得税、增值税与企业所得税纳税申报表数据智能化生成、RPA机器人自动纳税申报、数字管理会计、数字企业金融等功能，实现全过程一体化智能操作。

（二）任务布置

利用智能财税共享服务平台，为以下行业提供财务定制方案。
① 零售业
② 教育业
③ 制造业

二、任务准备

（一）知识准备

1. 我国的会计信息化发展史

我国的会计信息化发展大致可以分为以下几个阶段。

（1）第 1 阶段：1979—1983 年，属于尝试阶段

1979 年，财政部和原第一机械工业部拨款 500 万元，用于在长春第一汽车制造厂（以下简称一汽）进行计算机辅助会计核算的试点工作，这是我国会计电算化的起步和萌芽。1981 年 8 月，在财政部、原第一机械工业部、中国会计学会的支持下，中国人民大学和第一汽车制造厂联合召开了财务、会计、成本应用电子计算机问题讨论会。会上提出将电子计算机在会计中的应用简称为会计电算化，并一直沿用至今。

在这个阶段，除"一汽"是由国家组织以外，会计电算化工作基本由各单位自发组织和进行，缺乏长期稳定的技术开发队伍，软件的后续维护也无法跟上，加之财会人员计算机的应用水平不高等原因，多数定点的开发与应用无果而终。尽管如此，这些实践依然为我国商品化会计软件的出现和应用奠定了基础。

（2）第 2 阶段：1984—1989 年，属于自发阶段

这个阶段微型计算机在国民经济各个领域得到了广泛的应用。但由于应用电子计算机的经验不足，理论准备与人才培训不够，管理水平跟不上，因此造成在会计电算化过程中出现了很多盲目的低水平重复开发的现象，从而浪费了大量的人力、物力和财力。

这个阶段的会计软件开发多为专用定点开发，对通用会计软件开发的研究还不够，软件的商品化受到很大限制；会计电算化的管理落后于客观形势发展的需要，全国只有少数地方财政部门开展了会计电算化组织管理工作；既懂会计又懂计算机的人才为数不多。

（3）第 3 阶段：1990—1996 年，属于计划稳步发展阶段

在这个阶段，出现了以开发、经营会计核算软件为主的专业公司，逐步形成了会计软件产业，会计软件的开发向通用化、规范化、专业化和商品化方向开展。1988 年 12 月，用友财务软件服务社在北京海淀新技术产业开发实验区诞生，这是现在用友软件公司的前身。

与此同时，各级行政部门和业务主管部门，主要是财政部门加强了对会计电算化的管理，许多地区和部门制定了相应的发展规划、管理制度与会计软件开发标准。财政部于 1989 年颁布了《会计核算软件管理的几项规定（试行）》，这是我国第一个全国性会计电算化的行政法规。随后，财政部颁布了《关于会计核算软件评审问题的补充规定（试行）》（1990 年 7 月）、《会计电算化管理办法》（1994 年 6 月 30 日）、《会计核算软件基本功能规范》（1994 年 6 月 30 日）、《会计电算化工作规范》（1996 年 6 月 10 日），使会计电算化进一步向法制化、通用化和标准化方向发展。

（4）第 4 阶段：1996 年以后，属于普及提高阶段

20 世纪 90 年代中期以后，随着国企改革的深入和现代企业制度的建立，企业的科学管理对会计工作的要求日益提高，同时在软件研制开发及其商务竞争的推动下，会计软件由核算型转向管理型势在必行。

1996 年 4 月，中国会计学会召开会计电算化研讨会，首次提出会计软件应当由"核

算型"向"管理型"转型,从而揭开了我国管理型会计软件发展的序幕。会计软件逐步不再以会计核算为核心,而向着以物流、资金流、信息流统一管理为核心的 ERP 方向发展。

随着人工智能、大数据、区块链等现代信息技术的发展和普及,会计软件可能的发展趋势如下。

① 会计软件由核算型向管理型发展。
② 向网络化方向发展,包括在线会计、远程控制、电子商务、网上银行、网上报税等。
③ 会计信息的报告向实时化、模式向多样化方向发展。
④ 会计软件向智能化方向发展,包括操作过程智能化、业务分析智能化和决策支持智能化。

2. 会计信息化的应用方案

财务的未来是信息化、自动化、数字化和智能化。"大智移云物区"的集合,使我们加速进入"万物互联无处不在、虚实结合、智能计算、开放共享"的智能时代。随着 RPA(机器人流程自动化)技术的出现,传统标准化的财务会计工作正在逐渐被财务机器人替代。德勤公司在 2018 年的《关键时刻:数字化世界中的财务》报告中认为,云计算、财务机器人、可视化、高级分析、认知计算、内存计算和区块链 7 项技术对财务的影响愈发显著,共同构筑了新时代下的财务工具集。以下重点介绍云会计、财务机器人、财务共享服务中心 3 种方案。

(1)云会计

〈1〉云会计的定义及应用领域

云会计的含义为在云环境下进行的会计工作。通过互联网平台,人们能够很容易地在云环境中获取自己想要的资源。通过在云环境下进行会计类的业务处理,能够实现和完成会计核算及企业内部会计信息化监管。企业内部运用云会计,不需要经过较为复杂的操作即可获取企业所需的资源,资源的利用率较高。云会计在企业的应用,一定程度上使企业会计信息化得到了进一步的发展。云会计系统通常由应用服务平台和企业会计常用的软件所组成,能够有效地为企业服务。

〈2〉云会计的优势

越来越多的企业在财务管理上运用云会计。它相较于传统的财务管理有一定的优势,如图 1-1 所示。

图 1-1 云会计优势

企业中云会计应用的具体优势如下。

① 应用成本相对较低。企业之所以大规模引进云会计,将其应用在企业会计信息系统中,最为重要的一点是它的管理效率较高,能够保证企业的工作质量,而且它的精度较高,出错概率较低。以往的会计信息系统内部较为复杂,为了维持系统的正常运

作，需要投入大量的资金引进较多的设备，维护的成本较高。而且传统的会计信息系统抗风险能力较低，如果出现突发事故，整个系统就无法正常运行，并极有可能出现数据文件无法正常打开，或者是部分数据丢失的情况，从而给企业造成较大的损失。企业引进云会计则能完全避免上述缺点。云会计的组成相对简单，只需要采购少量的服务设备即可正常运行系统。企业既无须专门划出较大的场地放置设备，也无须进行大规模的维护保养，因此可以提高企业的财务管理效率。

② 便利性高。传统的会计信息系统便利性较低，信号传输较慢，无法及时对财务数据进行处理，存在一定的滞后性。在使用云会计时，产生的数据能够有效地备份，自动上传至云端，企业内部人员能够随时随地调取。因此，将云会计与企业会计信息系统相结合，能够有效地提高企业的工作效率，具有较高的便利性。

③ 升级扩展便利。传统的会计信息系统有较大的局限性，只能依附于企业的服务器上，而且系统不能随意开发和更新数据。而企业采用云会计能够尽可能避免这一现象，能够随时随地进行更新，便利性较高，并且数据库能够逐步进行迁移，使企业的增长需求得到满足。云会计的系统升级没有较多的限制，不依附于企业的服务器。

（2）财务机器人

2017年财务机器人在德勤、普华永道、安永及毕马威四大国际会计师事务所相继推出，标志着机器人流程自动化在财务领域的应用正式拉开帷幕。机器人流程自动化是在人工智能基础上提出的一种自动化软件解决方案，主要通过使用用户界面层中的技术模拟手工操作处理复杂性的工作，对推动财务智能化发展具有重大作用；而财务机器人作为机器人流程自动化技术在财务领域的具体应用，不仅可保障企业管理决策和企业业务发展的数据需求，还可为企业财务转型提供数据支持，是发挥财务大数据中心作用及企业顺应数字化变革的有效工具。财务机器人模拟人工操作以自动化代替手工操作，使财务人员从重复性高、交易量大且附加值低的审核凭证等业务中解放出来，能从事更有价值、更有创造力的工作，从而在优化财务业务流程的同时，提高了业务处理效率和质量，为财务共享模式下企业财务业务流程的优化注入了新的活力。

〈1〉财务机器人运行原理

财务机器人是机器人流程自动化（RPA）在财会领域的应用。RPA多以非机械性实物形态存在，是各种技术的虚拟组合，是软件形态的机器人，外挂于企业现有服务系统，按照规则重复执行预先设定好的程序，模拟日常电脑和人工的操作，处理凭证登记、费用报销、资金收付等重复性高、不受人工等外界因素干扰的会计业务。

〈2〉财务机器人优势

相对传统的财务软件，财务机器人有一定的优势，如图1-2所示。

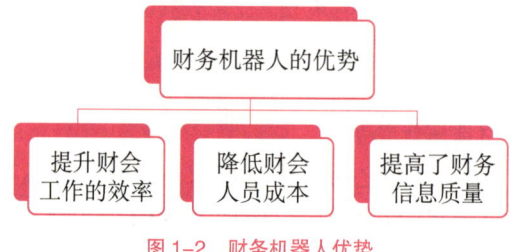

图1-2　财务机器人优势

财务机器人的具体优势如下。

① 提升财会工作的效率。财务机器人基于设定好的程序进行工作,对目标业务进行判断,自动核账、制证并形成报告,可以避免出现因人为因素导致的错误,它就像一条全自动的智能生产线,可以提供一站式服务,按照标准化、流程化、系统化的要求,高效率地提供解决方案。随着科技不断发展,财务机器人也不断更新升级,目前市面上财务机器人正在向人工智能方向发展——具备学习、记忆功能,可以对数据进行维护升级,替代了手工录入数据,可以对给定任务自主进行逻辑判断并监管自动化财会工作,极大地提高了财会工作效率。同时,财务机器人不受时间、空间和心理、生理限制,可以高效率地持续运行,是企业基础核算工作岗位上最优秀的"员工"。

② 降低财会人员成本。使用财务机器人可以降低企业人力成本。相比于聘用、培训专门的财会人员,财务机器人花费的成本更低,一套编码即可运行,且可以自动更新数据,长期使用,一次投资就持久受益。财务机器人还具有极高的工作效率,可以不分昼夜持续运行,一个财务机器人可以替代数名财会人员,从而大大降低了企业的人力资源成本。企业可以将节省的成本投入研发领域,从而有助于企业转型升级,提升收益,增强企业的竞争能力。

③ 提高财务信息质量。财务机器人可以完全满足会计工作对精确度和真实性的极高要求。财务机器人按照规则进行,不受外界影响,可以使经手的任务达到百分百精确,提高了财务工作的精确度。财务机器人通过准确记录信息处理的每一细节,既可以避免出现数据造假等人为舞弊现象,又可以避免记录失误等手工处理账务出现的差错,从而提高了会计工作的准确性和透明度,保证了财务信息质量,为后续审计工作提供了便利。

〈3〉财务机器人弊端

财务机器人也存在一定的弊端,如图 1-3 所示。

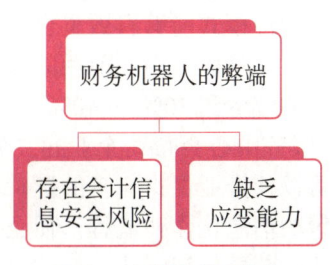

图 1-3 财务机器人弊端

财务机器人的具体弊端如下。

① 存在会计信息安全风险。互联网上并不存在万无一失的加密技术,所以基于互联网技术的财务机器人也存在被黑客攻击导致数据信息泄露的风险。财务机器人主要通过电子数据进行信息存储,且其运行需要大量的数据支撑,为做出正确决策需要依赖精确信息,企业必须确保信息完整性不会遭到破坏、损毁或篡改,否则"虚假"信息传播不仅会造成财会工作错误,导致财会工作无法正常进行,还会损坏企业的信誉。

② 缺乏应变能力。目前财务机器人只是处理工具的变化,其使用依旧遵循原有会计逻辑和核算流程,当面对非预先设定程序的异常结构时,不能自主进行程序设定,只能进行人工处理,并且按照目前的技术,财务机器人短期内无法达到再造新规则、新模

式的层次，只能处理规范化程度较高、重复度高、附加值偏低的财会任务。

（3）财务共享服务中心

〈1〉财务共享服务中心的概念

财务共享服务中心是企业集中式管理模式在财务管理上的最新应用。它将企业大量简单重复的会计业务采用信息化手段以标准化、流程化的方式进行处理，从而解决大型集团重复投入和效率低下的问题。财务共享服务中心可以提升企业的财务管理水平，降低财务管理成本，推动财务工作转型升级，提升企业的核心竞争力。

财务共享服务是一种新型管理模式。这种模式是在云计算、大数据等技术下，将财务管理中反复、烦琐的财务数据进行集中化管理，从而优化组织结构、规范流程，为企业提供财务管理等服务。

〈2〉财务共享服务中心在企业应用的效果

财务共享服务中心已经在各类集团企业得到广泛应用，主要从3个方面体现出显著效果，如图1-4所示。

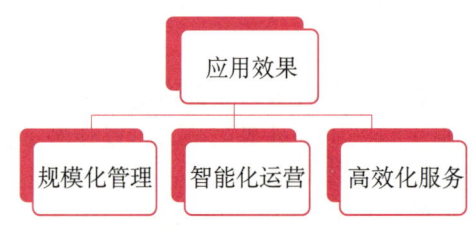

图1-4 财务共享服务中心的企业应用效果

具体效果如下。

① 规模化管理。企业采用财务共享服务中心模式进行财务管理，使企业原本分散的管理结构更加集中和规范。该管理模式能够有效整合资源，节省人力、物力成本，提高资源配置效率。企业对采用财务共享服务中心前后的成本管理进行测算发现，财务共享服务中心可以使企业累计降本效应达到30%～40%。

② 智能化运营。财务共享服务中心会帮助企业建立属于自己的一套运营模式，与企业独特的经营运作相结合，可以使企业保持自身的运营、管理特色。企业使用财务共享服务中心可以构建一系列完善的信息化作业流程，使企业在经营的过程中面对不同的经营情况有不同的应对措施，让运营更加智能化、标准化。该模式还能极大地激励员工创造价值的积极性，使企业运营得更好。

③ 高效化服务。财务共享服务中心可以依靠自身强大的大数据和智能系统来满足客户的个性化需求。精细化的绩效考核和管理有助于提升员工的服务水平和意识，而财务共享服务中心的应用会帮助企业建立良好的客户数据和服务需求，提供更加精细化、个性化、高效化的客户服务。

（二）任务要领

① 了解会计信息化的4个发展阶段。

② 熟悉新时代下会计信息化的应用方案。

③ 掌握智能财税共享服务平台的定制方案及成效。

三、任务实施

(一)业务流程

会计信息化的定制流程如图 1-5 所示。

图 1-5　会计信息化定制流程

(二)任务操作

1. 了解智能财税共享服务平台

北京紫林集团财税共享中心采用智能财税共享服务平台,为各行业提供财务定制方案,实现业、票、财、税一体化的创新服务。

智能财税共享服务平台集合了票天下、财天下、金税师三大子平台,并可独立开启资产管理、智能工资、商旅费控、供应链 4 个系统,是围绕新经济、新技术、新职业、新专业,聚焦财税改革发展新方向,支撑数字经济与共享经济背景下财税共享服务新业态和现代企业"业票财税"一体化新模式的数字财税服务云平台。

2. 智能财税共享服务平台的定制方案

（1）零售业

零售业企业的销售对象直接是消费者,该行业客户较多,交易次数频繁,平均每次交易额较小,所以开票及凭证业务数量较大,申报税收业务较单一。北京紫林集团财税共享中心根据零售业特点可开启票天下、财天下和金税师三个子平台,实现开完发票即可自动生成记账凭证、实时出具财务报表并填写完成纳税申报表的"票财税"一体化服务。

（2）教育业

教育业的核心竞争力是教师,教学资料、教学水平、教学方法都依靠教师的科研能力,有效的薪酬激励政策是激发教师无限创新的动力。北京紫林集团财税共享中心根据教育业特点可开启智能工资系统,依据薪酬激励政策自定义薪酬组成项目,通过智能算税功能,一键完成个人所得税计算及申报。

（3）制造业

制造业是需要利用各种资源,如物料、设备、工具、资金、技术、信息和人力等,按照市场要求,通过制造过程,转化为可供人们使用和利用的大型工具、工业品与生活消费产品的行业。因此,该行业固定资产、无形资产较多。北京紫林集团财税共享中心根据制造业的特点可开启资产管理系统,依据资产特性设置资产类别,通过分类管理形成资产卡片,完成资产增减、转移、原值变更、资产清查等业务处理,并自动生成凭证。

3. 智能财税共享服务平台的创新变革

智能财税共享服务平台的定制方案是将传统财务的职能堆砌,经过创新与转型从而高效地迈向财务共享。

（1）定制方案的优势
〈1〉业务模式互联网化
　　商旅费控管理就是前移管控时点，从业务前端实现集中。而传统的预支＋报销系统形态无法满足行业需求。定制方案通过打通产业上下游的业务协同，实现商流、业务流、资金流、数据流四流合一，实现一站式商旅、报销、财务核算服务。
〈2〉平台自动化＋管理集约化
　　通过平台规则控制、自动化处理替代人工操作，除少量属地业务外，核算、结算、数据、风险管控、综合支撑等职能均向智能财税共享服务平台集中。
〈3〉核算体系优化
　　智能财税共享服务平台基于业务端、核算端、管理端的全流程考虑，精简核算维度、简化单据处理、推动专业化运营。
（2）定制方案的成效
〈1〉人员释放转型
　　基础核算人员的精力得到释放，逐渐向价值创造者转型。
〈2〉服务效率提升
　　集中管理、统一规范，共享服务效率大幅提升。
〈3〉平台支撑优化
　　平台更大程度地支撑业务运营，流程大范围精简，系统操作多维度简化。

四、任务评价

填写"会计信息系统定制服务"任务评价表，如表1-1所示。

表1-1 "会计信息系统定制服务"任务评价表

工作任务清单	完成情况
了解我国会计信息化的发展史	
熟悉会计信息系统的应用方案	
掌握智能财税共享服务平台的定制流程	

五、任务拓展

　　思考：在"大智移云物区"的新时代背景下，你作为财会类专业的学生，对自己的未来职业有什么规划？请结合会计信息化的发展史加以说明。

单元二

发票开具

↘ 思政目标
1. 培养学生提高专业技能的自觉性，使他们勤学苦练，不断提高业务水平。
2. 培养学生严肃认真、严谨细致的工作作风。
3. 培养学生端正态度，依法办事，实事求是，不偏不倚，保持客观公正。

↘ 知识目标
1. 了解《发票管理办法实施细则》《网络发票管理办法》等相关法规的基本内容并能在实际业务中应用。
2. 了解发票的种类与使用范围。

↘ 技能目标
1. 能够应用票天下进行发票的领购和开具，能够完成发票的代开工作。
2. 能够正确地在票天下中输入开票票面数据信息和准确地对税控信息进行匹配。
3. 能够准确地对开具发票的信息进行复核并开具发票。

任务一　票天下认知

一、任务情境

（一）任务场景

北京永兴商贸有限公司创建于2021年，位于北京市，属于增值税一般纳税人；主要经营复印纸、固体胶水、文件袋等办公用品，其产品全部销往国内市场；设立总经办、行政部、财务部、采购部、销售部、库管部6个部门。

（二）任务布置

① 涉税服务岗人员在票天下维护商品服务档案，如图2-1所示。客户信息档案如图2-2所示。

商品名称	税收分类小类	计量单位	参考单价	税率
复印纸	转印纸	箱	95/（元/箱）	13%
固体胶水	固体胶	盒	55/（元/盒）	13%
文件袋	文件夹	箱	45/（元/箱）	13%

图 2-1　商品服务档案

客户名称	北京汉龙科技有限公司
统一社会信用代码	911101220000889788
地址	北京市海淀区中关村大街223号
电话	010-66776678
开户行	中国工商银行北京海淀区支行
银行账号	6622000011123322
客户名称	北京星空文化有限公司
统一社会信用代码	911101150000343267
地址	北京市朝阳区幸福里66号3栋
电话	010-65643545
开户行	中国工商银行北京通州区支行
银行账号	6622000020034511

图 2-2　客户信息档案

② 涉税服务岗人员在开票网点管理设置发票限额为1 000万元。
③ 涉税服务岗人员在云开票中领购各类发票10份。
④ 涉税服务岗人员在查询统计中正确查询发票开具情况。

二、任务准备

（一）知识准备

1. 票天下的功能

开具发票是企业重要的日常财务工作之一。票天下的主要功能是帮助用户实现发票开具和管理等工作，主要包括基础设置、税控管理、云开票、查询统计4项，如图2-3所示。

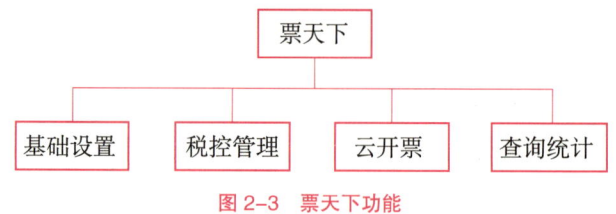

图 2-3　票天下功能

（1）基础设置

企业在开具发票前首先要对税控信息进行配置，完善基础设置，主要包括纳税主体管理、税收分类编码、商品服务档案和客户信息管理等工作任务。

① 纳税主体管理是对采用本系统开具发票的用户基本信息的维护，主要包括账套名称、统一社会信用代码、开户行、地址、电话、银行账号等信息的完善和记账（财天下）、报税（金税师）平台的启用。一般来说，对于代理记账外包的用户，应同时选择记账（财天下）、报税（金税师）平台功能，以实现票、财、税一体化。

② 税收分类编码是把纳税人的销售情况数字化，共分货物、劳务、销售服务、无形资产、不动产和未发生销售行为的不征税项目六大类，每条代码总长度为19位阿拉伯数字。

③ 商品服务档案是用户设置与税收分类六大类相对应的本企业取得收入的商品服务名称，主要包括商品服务编码、商品服务名称、型号、计量单位、参考价格和税率等内容。

④ 客户信息管理是用来维护和管理本企业所属的客户，主要包括客户信息、寄票信息和发送信息等内容。企业在开具发票前，应先维护客户信息。

（2）税控管理

税控管理包括税控服务器管理和开票网点管理。税控服务器管理是添加税控服务器，主要包括企业的税控盘硬件编码、名称、类型和接口类型等信息；开票网点管理是在相应的税控服务器下添加纳税主体，主要包括开票终端编码、开票终端名称、所属纳税主体、税控盘编号、税控盘口令等信息。

（3）云开票

云开票是智能票据系统的核心子功能，包括发票登记和发票开具。对于企业来说，首先要在开票终端领购发票，发票主要有纸质专用发票、普通发票和电子发票（普）三大类。在发票登记时，应明确申领的发票类型和数量。发票开具功能能够帮助用户完成上述3类发票的开具任务，如果发票开具错误，则还可以进行作废或红冲处理。但是需要注意的是，电子发票不能进行作废或红冲处理。

（4）查询统计

查询统计功能主要包括期间开票统计和开票员开票统计。其中，期间开票统计可以按月、按季或自定义区间查询和统计开出的各类发票；开票员开票统计可以查询某个区间日期的具体或全部开票员开具的各类或全部发票情况。

（二）任务要领

① 熟悉票天下的功能，了解票天下的票据传递路径。
② 了解票天下的工作流程。

三、任务实施

（一）业务流程

启用票天下的操作流程如图2-4所示。

图2-4 启用票天下的操作流程

（二）任务操作

1. 基础设置

（1）维护商品服务档案

涉税服务岗人员进入票天下，执行"基础设置 | 商品服务档案"命令，选中税收分

智能会计信息系统应用

类中的"转印纸",单击"新增"按钮。输入商品服务名称"复印纸"、计量单位"箱"、参考单价"95"、选择税率(%)"13",然后单击"确定"按钮,完成商品服务档案设置,如图2-5所示。

图2-5 商品服务档案设置

商品服务档案设置

(2)维护客户信息档案

涉税服务岗人员进入票天下,执行"基础设置 | 客户信息管理"命令,单击"新增"按钮。输入客户名称"北京汉龙科技有限公司"、银行账号"6622000011123322"、开户银行"中国工商银行北京海淀区支行"、纳税人识别号"911101220000889788",选择纳税人类型"小规模纳税人",输入地址"北京市海淀区中关村大街223号"、电话"010-66776678",然后单击"保存"按钮,完成客户信息档案设置,如图2-6所示。

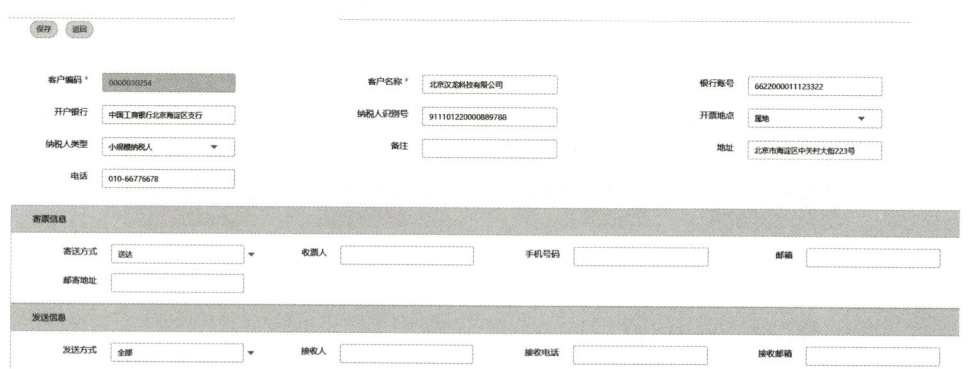

图2-6 客户信息档案设置

参照上述步骤,输入其他信息。

单元二　发票开具

客户信息档案设置

2. 税控管理

涉税服务岗人员进入票天下,执行"税控管理|开网点管理"命令,修改"单张开票限额"为1 000万元,完成修改发票限额设置,如图2-7所示。然后单击"保存"按钮。

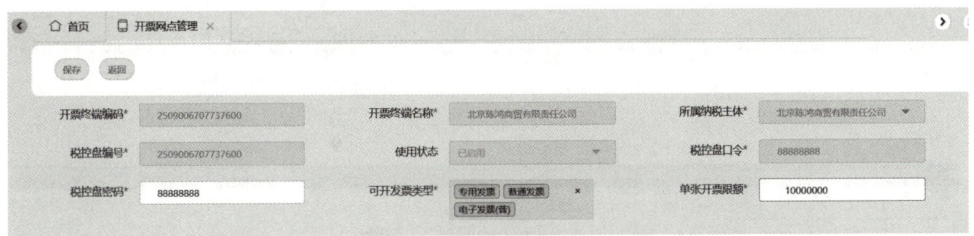

图2-7　修改发票限额

修改发票限额

3. 云开票

涉税服务岗人员进入票天下,执行"云开票|发票登记"命令,发票类型选择"普通发票",单击"领购"按钮。输入税控盘密码"88888888"、领购数量"10",单击"确定"按钮。完成领购发票,如图2-8所示。重复上述步骤,领购专用发票和电子普通发票各10份。

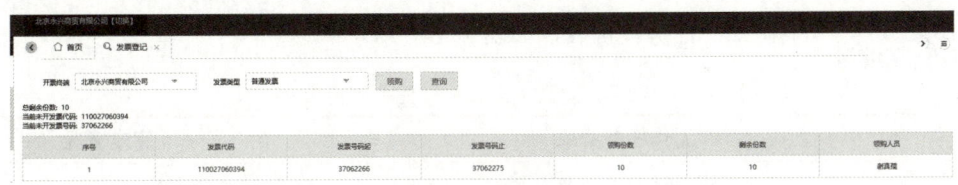

图2-8　领购发票

领购发票

13

4. 查询统计

涉税服务岗人员进入票天下，执行"查询统计|开票统计"命令，选择"2021-06"，可按销售方查询各类发票的开具情况。期间开票统计如图 2-9 所示。也可按开票员查询，开票员开票统计如图 2-10 所示。

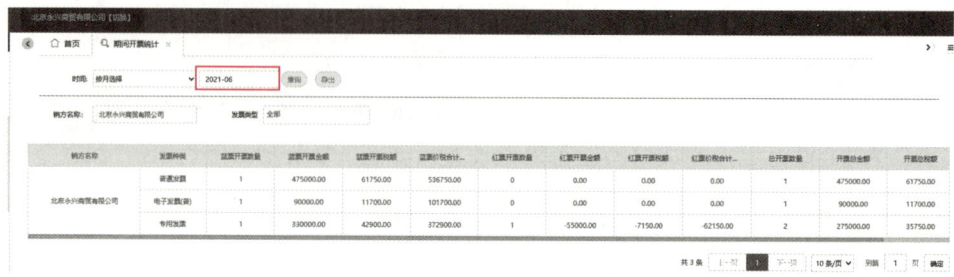

图 2-9 期间开票统计

图 2-10 开票员开票统计

期间开票统计　　　　开票员开票统计

四、任务评价

填写"票天下认知"任务评价表，如表 2-1 所示。

表 2-1 "票天下认知"任务评价表

工作任务清单	完成情况
了解票据的种类及用途	
熟悉票天下的主要功能	
讲述利用票天下完成开具发票的一般流程	

五、任务拓展

① 思考：票天下能给发票开具带来哪些便利？

单元二 发票开具

② **训练**：完成 1+X 智能财税职业技能等级证书初级代理实务工作领域一任务一至任务三的基础设置训练。

任务二　发票开具

一、任务情境

（一）任务场景

北京永兴商贸有限公司于 2021 年 6 月建账，现委托北京紫林集团财税共享中心代开发票。

（二）任务布置

涉税服务岗人员完成以下销售业务的开票任务。

① 2021 年 6 月 5 日，向北京汉龙科技有限公司销售复印纸 5 000 箱，不含税单价 95 元/箱。开具增值税普通发票。

② 2021 年 6 月 15 日，向北京星空文化有限公司销售固体胶水 6 000 盒，不含税单价 55 元/盒。开具增值税专用发票。

③ 2021 年 6 月 23 日，向北京汉龙科技有限公司销售文件袋 2 000 箱，不含税单价 45 元/箱。开具增值税电子普通发票。

二、任务准备

（一）知识准备

发票开具应由涉税服务岗人员在票天下中完成操作，主要流程是从"云开票"菜单根据任务信息开具各类发票，并传递给业务财务岗人员。

（二）任务要领

① 注意要开具发票的类型。
② 注意设置好开票日期。
③ 注意填写时单价金额换算成不含税金额。

三、任务实施

（一）业务流程

各类发票开具的操作流程如图 2-11 所示。

确认客户信息 → 确认库存发票数量 → 发票开具

图 2-11　各类发票开具的操作流程

（二）任务操作

1. 开具普通发票

涉税服务岗人员进入票天下，执行"云开票|发票开具"命令，单击"新增"按钮。票据类型选择"普票（纸）"，选择"不含税"，日期调整为"2021-06-05"；购买方名称选择"北京汉龙科技有限公司"，其他开票信息会自动带出；选择商品信息，填写数量及单价。单击"发票开具"按钮，开具增值税普通发票，如图2-12所示。

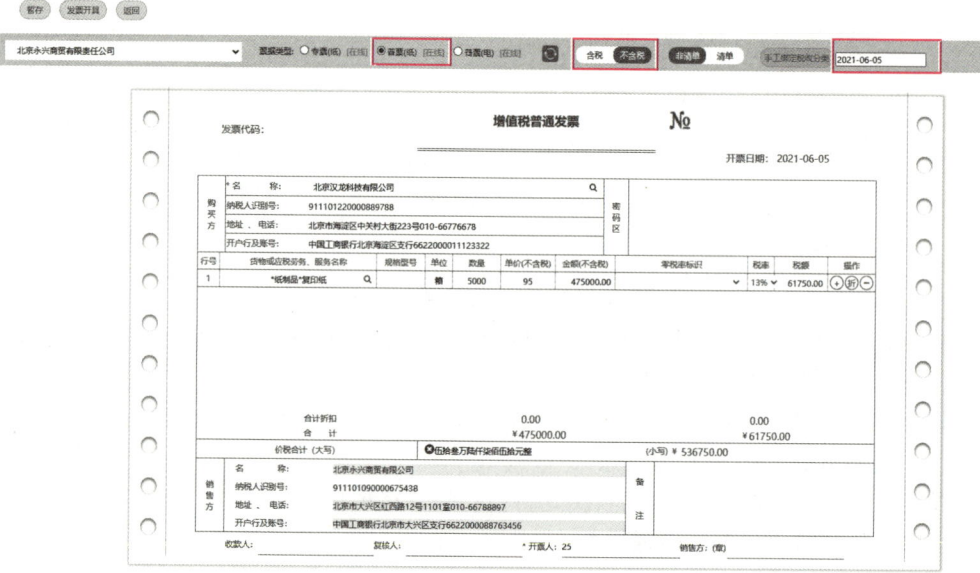

图2-12 开具普通发票

开具普通发票

2. 开具专用发票

涉税服务岗人员进入票天下，执行"云开票|发票开具"命令，单击"新增"按钮。票据类型选择"专票（纸）"，选择"不含税"，日期调整为"2021-06-15"；购买方名称选择"北京星空文化有限公司"，其他开票信息会自动带出；选择商品信息，填写数量及单价。单击"发票开具"按钮，开具专用发票，如图2-13所示。

单元二 发票开具

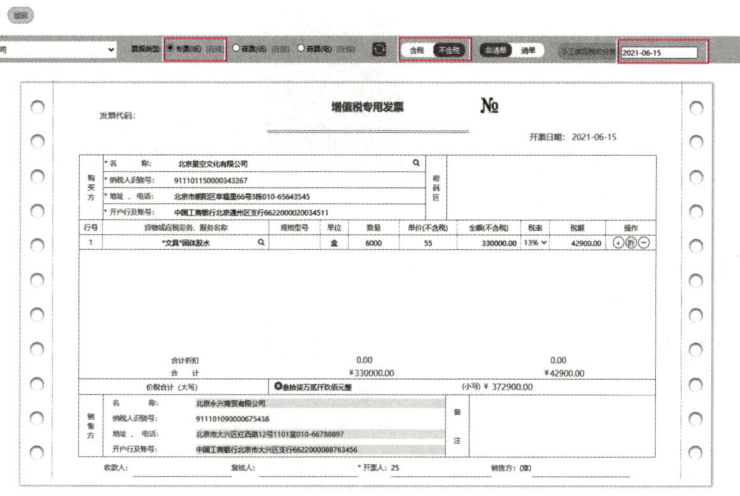

图 2-13 开具专用发票

开具专用发票

3. 开具电子普通发票

涉税服务岗人员进入票天下，执行"云开票|发票开具"命令，单击"新增"按钮。票据类型选择"普票（电）"，选择"不含税"，日期调整为"2021-06-23"，输入接收人电话"14796358991"、接收人邮箱"bjhlkj@163.com"；购买方名称选择"北京汉龙科技有限公司"，其他开票信息会自动带出；选择商品信息，填写数量及单价。单击"发票开具"按钮，开具电子普通发票，如图 2-14 所示。

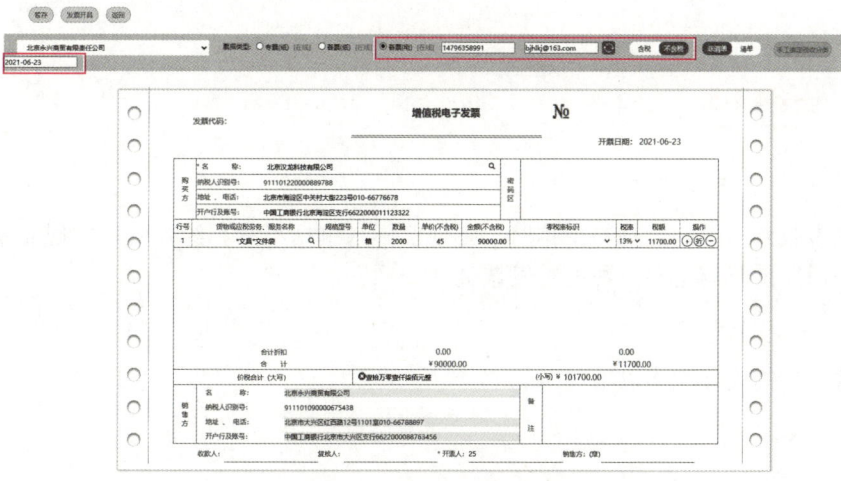

图 2-14 开具电子普通发票

17

开具电子普通发票

四、任务评价

填写"发票开具"任务评价表,如表2-2所示。

表2-2 "发票开具"任务评价表

工作任务清单	完成情况
在票天下完成商品信息、客户信息的输入	
掌握各类票据的开具方法及步骤	
理解对应情境下应该开具的发票类型	

五、任务拓展

① **思考**:票天下可以根据业务的需求开具相应的票据,请归纳并总结出专用发票、普通电子发票、普通发票的特点与用途,并思考小规模纳税人开具发票的情形。

② **训练**:完成1+X智能财税职业技能等级证书初级代理实务工作领域一任务一至任务三的发票开具训练。

任务三 发票红冲

一、任务情境

(一)任务场景

购买方收到当月的货物与单据时,发现实际与单据不符。经查验,发现北京永兴商贸有限公司发票开具错误,现进行发票红冲。

(二)任务布置

涉税服务岗人员完成以下任务。

单元二　发票开具

2021年6月25日，向北京星空文化有限公司销售的固体胶水发生退货1 000盒，开具红字发票。

二、任务准备

（一）知识准备

发票红冲就是冲减原销售项，然后开具正确的发票重新入账，跨月的就需要开红字发票了。在票天下中，涉税服务岗人员选择好税控日期单击"发票红冲"，先开红字清单，再开具红字发票，错误的凭证就被冲减了，接下来就可以开具正确的发票。

（二）任务要领

① 注意税控所属日期的选择。
② 注意发票红冲的数量与金额。
③ 注意红字发票是跨月冲减，当月误开错开发票可以直接作废，但电子发票系统不支持作废，发生退货、误开时，应开具红字发票。

三、任务实施

（一）业务流程

发票红冲的操作流程如图2-15所示。

图2-15　发票红冲的操作流程

（二）任务操作

涉税服务岗人员进入票天下，执行"云开票 | 发票开具"命令，税控所属日期选择"2021-6-25"，选中需要红冲的票据，开发票的选项选择"开红字发票"，如图2-16所示。在开具红字发票申请单的"说明"栏中选中"销售方申请"，如图2-17所示。单击"立刻申请"按钮，开具红字清单后，再单击"立刻发票"按钮生成红字发票，如图2-18所示。

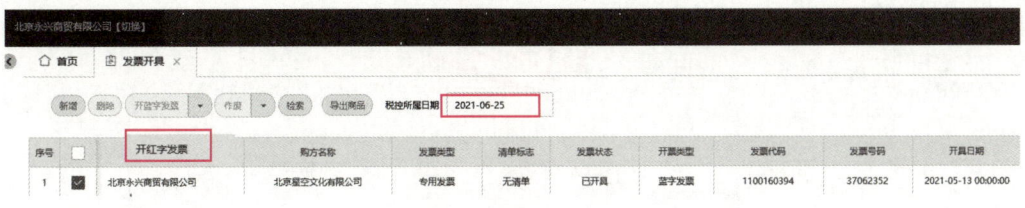

图2-16　选择开红字发票

图 2-17　开具红字发票申请单

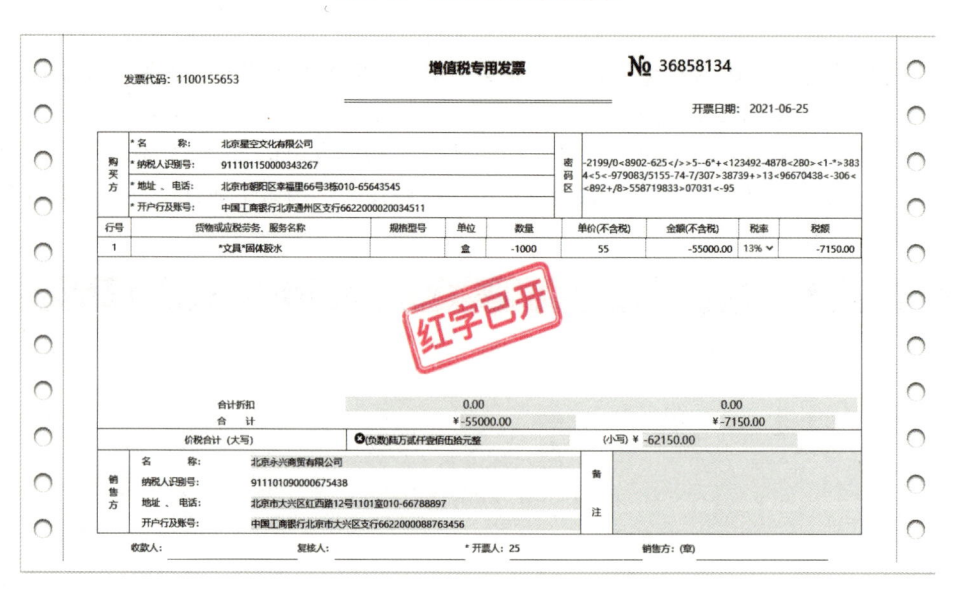

图 2-18　红字发票

发票红冲

四、任务评价

填写"发票红冲"任务评价表,如表 2-3 所示。

表 2-3 "发票红冲"任务评价表

工作任务清单	完成情况
在票天下中完成发票退回、发票作废、发票红冲、发票重开等操作	
熟悉发票红冲和各个岗位之间的联系与流程	
理解有关发票作废、红冲等任务操作,并能在实际业务中应用	

五、任务拓展

① **思考**:总结发票作废与发票红冲的适用情形,尝试进行电子普通发票开具错误时的操作。

② **训练**:选择 1+X 智能财税职业技能等级证书初级代理实务工作领域一任务一至任务三的发票进行作废及红冲处理。

单元三

日常财税业务处理

↘ 思政目标
1. 培养学生热爱会计工作，以及忠于职守、尽心尽力、尽职尽责的敬业精神。
2. 培养学生严肃认真、严谨细致的工作作风。
3. 培养学生提高专业技能的自觉性，使他们勤学苦练，不断提高业务水平。

↘ 知识目标
1. 熟悉财天下业务处理工作场景。
2. 掌握财天下的功能和日常业务的操作流程。
3. 掌握日常业务会计核算知识。

↘ 技能目标
1. 能够完成日常财税业务的票据采集和查验。
2. 能够完成日常财税业务的凭证处理工作。

任务一　认知日常业务处理

一、任务情境

（一）任务场景
北京永兴商贸有限公司现委托北京紫林集团财税共享中心处理公司日常业务。

（二）任务布置
会计主管岗人员对北京永兴商贸有限公司账套进行个性化设置。
① 默认会计期：最小未结账会计月月末。
② 默认销项税目：一般货物及劳务 13%。

二、任务准备

（一）知识准备

1. 日常业务处理内容

会计信息化的日常业务处理就是利用建立的会计科目体系，处理各类经济业务，完成凭证增加、审核等操作，输出各种总分类账、日记账、明细账和有关辅助账。

财天下是处理日常业务的主要平台，是智能财税共享平台的一个子平台，概括地反映企业购、产、销等全部经济业务的综合信息。它在整个会计信息系统中处于中枢地位，其他各个子平台的数据都必须直接或间接地通过财天下转成凭证信息，同时它还为其他子平台提供数据支持。

不同财务软件的总分类账日常业务功能会有所不同，但所包含的主要会计业务处理功能非常相似。财天下的日常业务功能结构如图 3-1 所示。

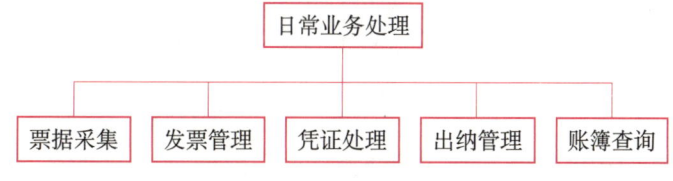

图 3-1　日常业务功能结构

其具体内容如下。

① 票据采集：采集各种类型的票据，系统将根据票据的类型进行自动归类。采集完票据后，为下一步记账凭证处理奠定基础。

② 发票管理：发票管理包括开票网点管理、发票登记、发票开具、发票统计等。开具发票后，系统将发票信息传递到票据采集的销项发票处。

③ 凭证处理：该模块负责凭证的输入、修改和删除，对机内凭证进行审核、查询和汇总。根据已经审核的记账凭证自动登记明细账、日记账和总分类账。在凭证处理过程中，可处理客户与供应商往来核算、个人往来核算、部门核算、项目核算、数量核算、外币核算等辅助核算。

④ 出纳管理：为了加强对货币资金的管控，对于现金和银行存款业务，还需要进行出纳管理。出纳管理包括出纳签字、银行对账、日记账的管理等。

⑤ 账簿查询：该模块提供按多种条件查询日记账、明细账、总分类账，月末打印正式账簿等功能。

（二）任务要领

① 熟悉财天下的主要模块及功能结构。
② 掌握基础的个性化设置。

三、任务实施

（一）业务流程

基础设置的操作流程如图 3-2 所示。

图 3-2 基础设置的操作流程

（二）任务操作

会计主管岗人员进入财天下，执行"基础设置 | 个性化设置"命令，默认会计期选择"最小未结账月"，默认销项税目选择"一般货物及劳务13%"，如图 3-3 所示。然后单击"保存"按钮。

图 3-3 基础设置

基础设置

四、任务评价

填写"认知日常业务处理"任务评价表，如表 3-1 所示。

表 3-1 "认知日常业务处理"任务评价表

工作任务清单	完成情况
熟悉《企业会计准则》等相关规章制度的基本内容	
了解财天下的功能结构	
讲述利用财天下完成基础设置的一般流程	

单元三　日常财税业务处理

五、任务拓展

① **思考**：怎么给应收账款添加客户的辅助核算？

② **训练**：完成 1+X 智能财税职业技能等级证书初级代理实务工作领域二任务一的基础设置训练。

任务二　票据采集

一、任务情境

（一）任务场景

北京紫林集团财税共享中心进行日常业务的处理，北京永兴商贸有限公司相关业务部门提供日常业务账务处理所需的资料。

（二）任务布置

1. 票据处理岗人员进行原始票据采集

（1）商品销售原始票据采集

① 2021 年 6 月 5 日，向北京汉龙科技有限公司销售复印纸 5 000 箱，不含税单价 95 元 / 箱。开具增值税普通发票，货物已发出，货款暂未收到。原始凭证如图 3-4 和图 3-5 所示。

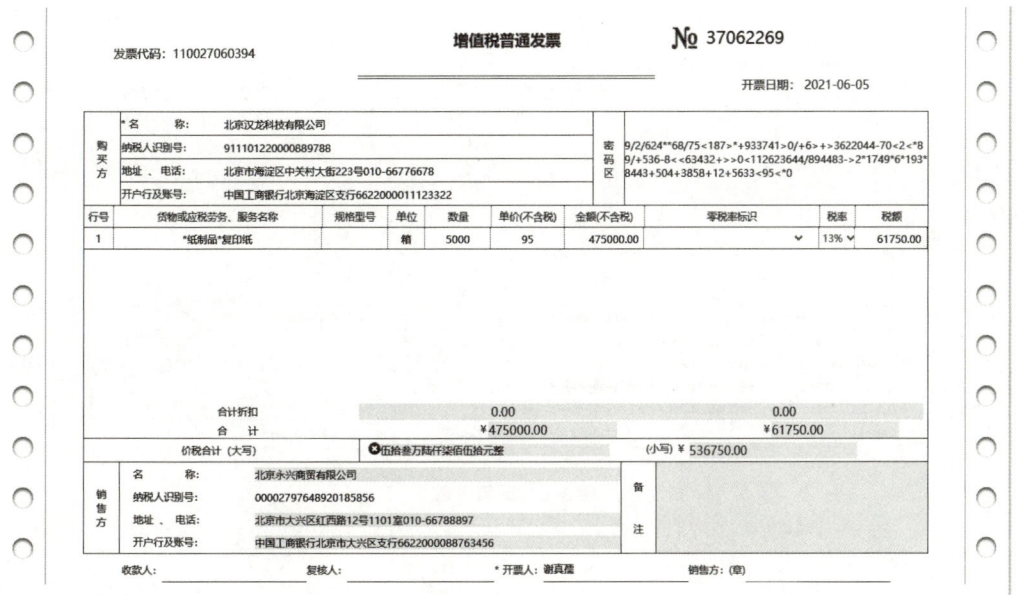

图 3-4　原始凭证 1

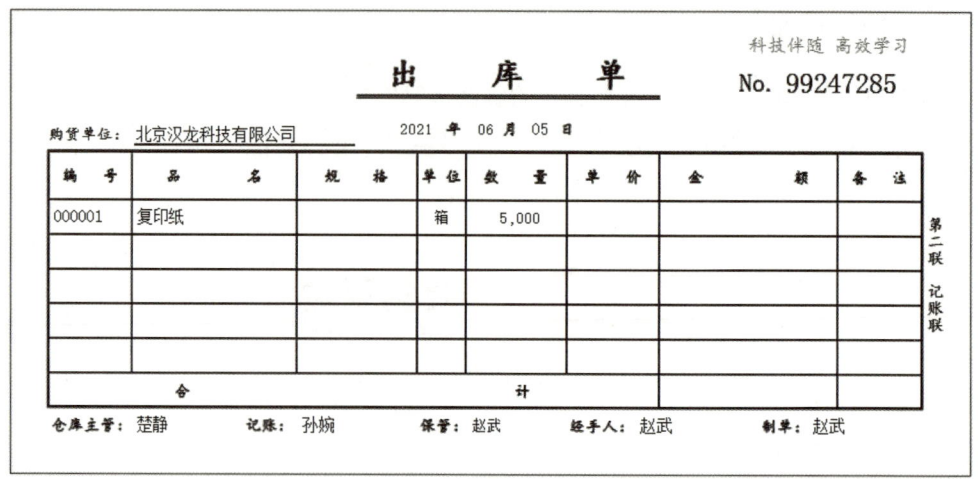

图 3-5 原始凭证 2

② 2021 年 6 月 15 日，向北京星空文化有限公司销售固体胶水 6 000 盒，不含税单价 55 元 / 盒。开具增值税专用发票，货物已发出，货款暂未收到。原始凭证如图 3-6 和图 3-7 所示。

③ 2021 年 6 月 23 日，向北京汉龙科技有限公司销售文件袋 2 000 箱，不含税单价 45 元 / 箱。开具增值税电子普通发票，货物已发出，货款暂未收到。原始凭证如图 3-8 和图 3-9 所示。

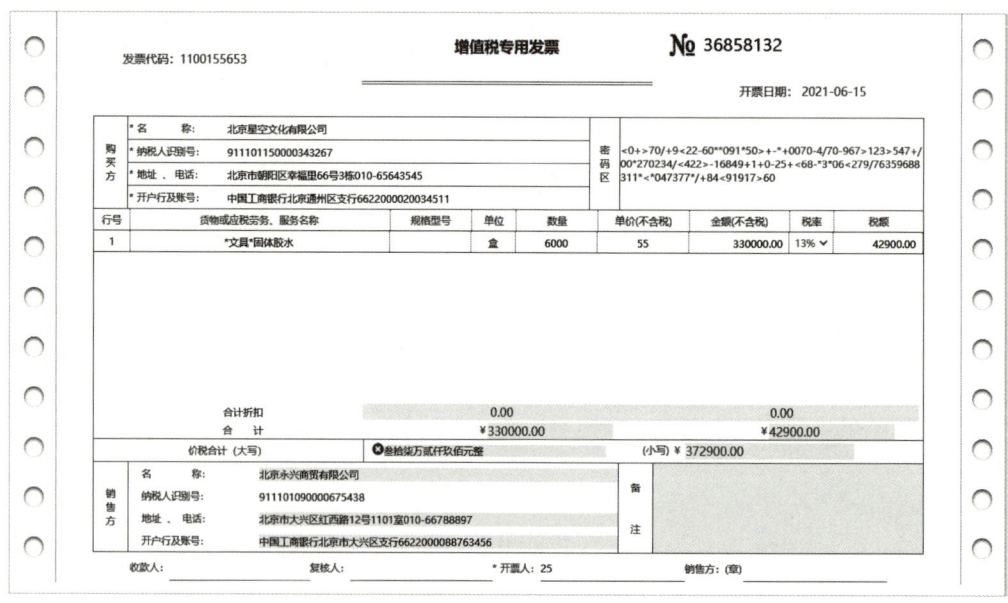

图 3-6 原始凭证 3

单元三 日常财税业务处理

图 3-7 原始凭证 4

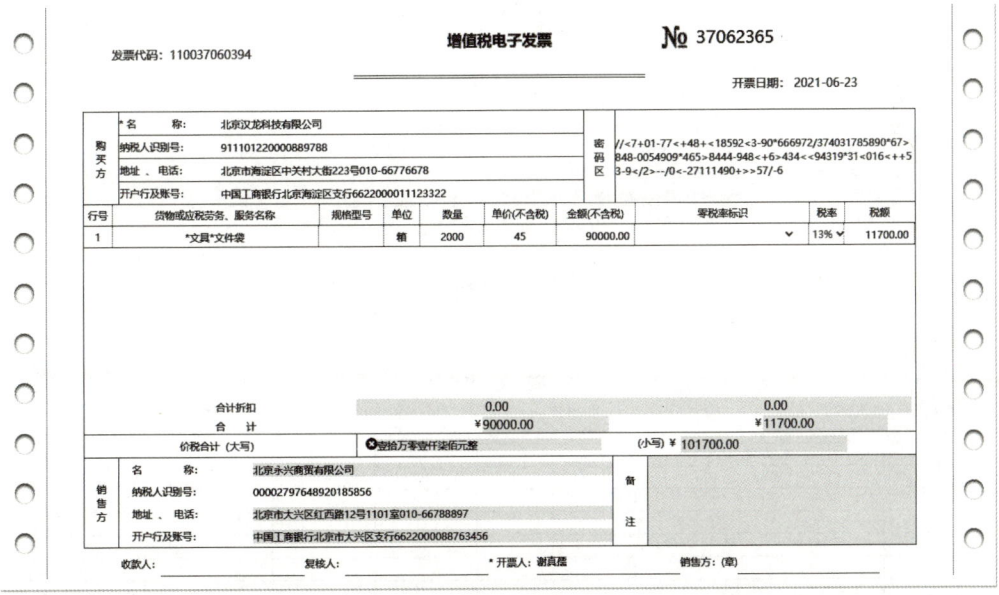

图 3-8 原始凭证

图 3-9 原始凭证

④ 2021年6月25日,发现向北京星空文化有限公司销售的固体胶水由于质量问题发生退货1 000箱。开具红字发票,退回的货物已入库。原始凭证如图3-10和图3-11所示。

图3-10 原始凭证

图3-11 原始凭证

⑤ 2021年6月26日,收到北京星空文化有限公司网银转账。原始凭证如图3-12所示。

中国工商银行

业务回单（收款）

日期：2021 年 06 月 26 日　　　回单编号：32029964456

付款人户名：	北京星空文化有限公司	付款人开户行：	中国工商银行北京通州区支行
付款人账号(卡号)：	6622000020034511		
收款人户名：	北京永兴商贸有限公司	收款人开户行：	中国工商银行北京市大兴区支行
收款人账号(卡号)：	6622000088763456		
金额：	叁拾壹万零柒佰伍拾元整	小写：	¥310,750.00
业务(产品)种类：		凭证种类：9083106028	凭证号码：32151141979115141
摘要：	货款	用途：	币种：人民币
交易机构：8005325770	记账柜员：48856	交易代码：96768	渠道：

6622000088763456

（中国工商银行北京市大兴区支行 电子回单专用章）

本回单为第 1 次打印，注意重复　　打印日期：2021 年 06 月 26 日　打印柜员：3　　验证码：959806458912

图 3-12　原始凭证

（2）材料采购原始票据采集

① 2021 年 6 月 2 日，从北京宏丽文具制品有限公司采购复印纸、固体胶水。收到增值税专用发票，货物尚未收到，款项暂未支付。原始凭证如图 3-13 所示。

北京增值税专用发票

1100191140　　№ 88071204　　开票日期：2021年06月02日

	货物或应税劳务、服务名称	规格型号	单位	数量	单价	金额	税率	税额
	*纸制品*复印纸		箱	6000	70.00	420,000.00	13%	54,600.00
	*文具*固体胶水		盒	7000	40.00	280,000.00	13%	36,400.00
合　计						¥700,000.00		¥91,000.00
价税合计（大写）	柒拾玖万壹仟元整					（小写）¥791,000.00		

购买方：北京永兴商贸有限公司　纳税人识别号：911101090000675438　地址、电话：北京市大兴区红西路12号1101室010-66788897　开户行及账号：中国工商银行北京市大兴区支行6622000088763456

销售方：北京宏丽文具制品有限公司　纳税人识别号：911101120000445371　地址、电话：北京市通州区顺平路121号23栋010-65667343　开户行及账号：中国工商银行北京通州区支行6622000077865645

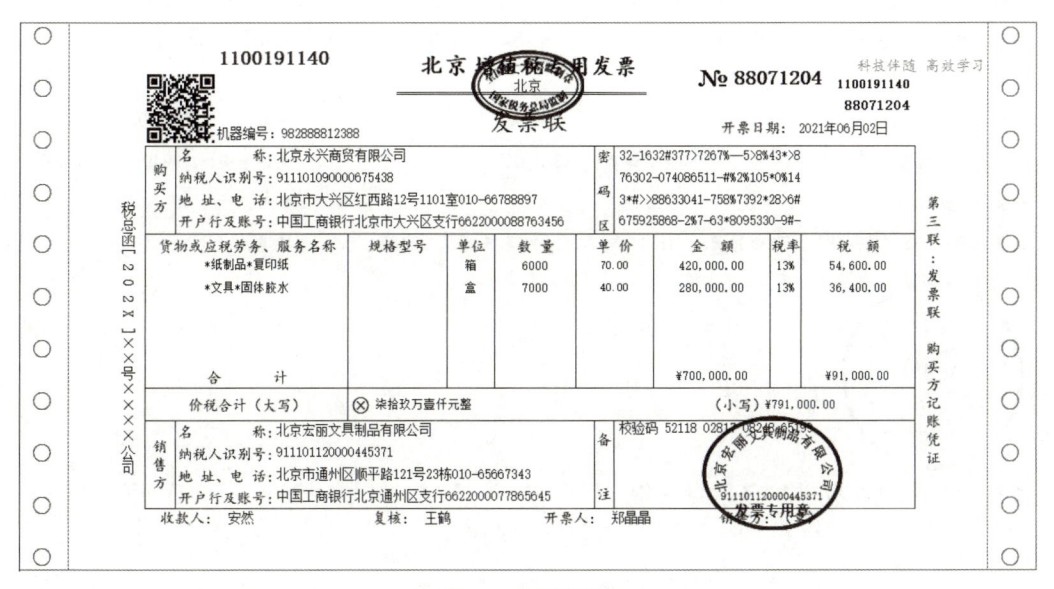

收款人：安然　　复核：王鹤　　开票人：郑晶晶

图 3-13　原始凭证

② 2021 年 6 月 4 日，验收入库从北京宏丽文具制品有限公司采购的货物。原始凭证如图 3-14 所示。

入库单

科技伴随 高效学习
No. 38334098

供货单位：北京宏丽文具制品有限公司　　2021 年 06 月 04 日

编号	品名	规格	单位	数量	单价	金额	备注
000001	复印纸		箱	6.000	70.00	420,000.00	
000002	固体胶水		盒	7.000	40.00	280,000.00	
合计						¥700,000.00	

仓库主管：楚静　　记账：孙婉　　保管：赵武　　经手人：赵武　　制单：赵武

图 3-14　原始凭证

③ 2021 年 6 月 10 日，通过网银转账支付北京宏丽文具制品有限公司货款。原始凭证如图 3-15 和图 3-16 所示。

中国工商银行

业务回单（付款）

日期：2021 年 06 月 10 日　　回单编号：75718901477

付款人户名：　北京永兴商贸有限公司　　　　付款人开户行：中国工商银行北京市大兴区支行
付款人账号(卡号)：6622000088763456
收款人户名：　北京宏丽文具制品有限公司　　收款人开户行：中国工商银行北京通州区支行
收款人账号(卡号)：6622000077865645
金额：　柒拾玖万壹仟元整　　　　　　　　　　小写：¥791,000.00
业务(产品)种类：　　　　　凭证种类：3351001721　　凭证号码：75940188990738450
摘要：货款　　　　　　　　用途：　　　　　　　　　　币种：
交易机构：2374229473　　记账柜员：81644　　交易代码：23974　　渠道：

（中国工商银行北京市大兴区支行 电子回单专用章）

本回单为第 1 次打印，注意重复　打印日期：2021 年 06 月 10 日　打印柜员：7　验证码：658116038004

图 3-15　原始凭证

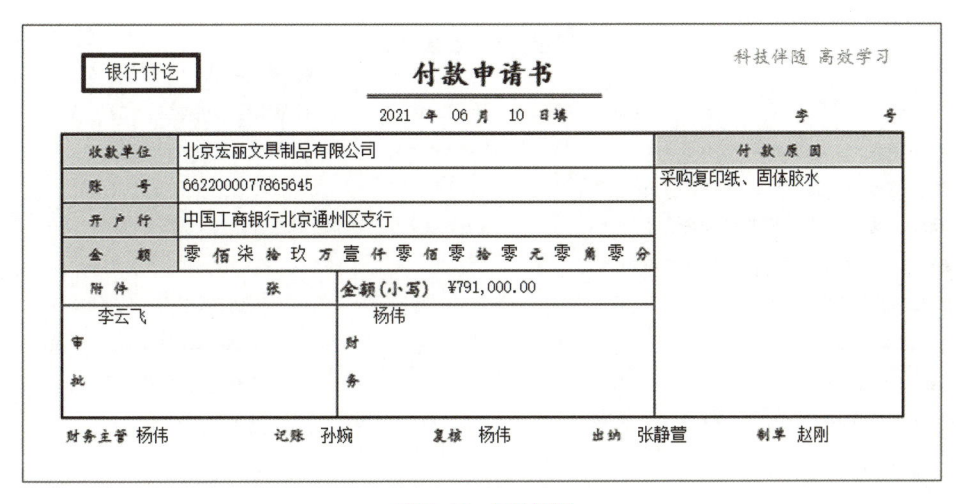

图 3-16 原始凭证

（3）费用报销原始票据采集

① 2021 年 6 月 1 日，行政部申请支付本月办公房屋租赁费。原始凭证如图 3-17 至图 3-19 所示。

图 3-17 原始凭证

中国工商银行

业务回单（付款）

日期：2021 年 06 月 01 日　　回单编号：09439529658

付款人户名： 北京永兴商贸有限公司　　付款人开户行：中国工商银行北京市大兴区支行
付款人账号(卡号)：6622000088763456
收款人户名： 北京万安物业有限公司　　收款人开户行：中国工商银行北京大兴区支行
收款人账号(卡号)：6622000036362549
金额： 捌仟柒佰贰拾元整　　　　　　小写： ¥8,720.00
业务(产品)种类：　　凭证种类： 9457454548　　凭证号码：52386641218685789
摘要： 房屋租赁费　　用途：　　　　　　　　　币种： 人民币
交易机构： 0028875604　记账柜员： 67081　交易代码： 09400　渠道：
6622000036362549

（电子回单专用章 中国工商银行北京市大兴区支行）

本回单为第 1 次打印，注意重复　打印日期： 2021 年 06 月 01 日　打印柜员：5　验证码：151151552308

图 3-18 原始凭证

银行付讫

付款申请书

2021 年 06 月 01 日填　　　　字　号

收款单位	北京万安物业有限公司	付款原因
账 号	6622000036362549	6月房屋租赁费
开户行	中国工商银行北京大兴区支行	
金 额	零佰零拾零万捌仟柒佰贰拾零元零角零分	
附件　　张	金额(小写) ¥8,720.00	
审	李云飞	杨伟　财务
批		

财务主管 杨伟　记账 孙婉　复核 杨伟　出纳 张静萱　制单 孔捷

图 3-19 原始凭证

② 2021 年 6 月 18 日，销售部报销差旅费。原始凭证如图 3-20 至图 3-24 所示。

差旅费报销单

银行付讫

部门：销售部 2021年 06 月 18 日

出差人	李斯					出差事由		洽谈合作				
出发			到达			交通工具	交通费		出差补贴		其他费用	
月	日	时	地点	月	日	时	地点		单据张数	金额	天数	金额	项目	单据张数	金额

月	日	时	地点	月	日	时	地点	交通工具	单据张数	金额	天数	金额	项目	单据张数	金额
06	14	8:23	北京	06	14	14:05	深圳	飞机	1	1,270.00			住宿费	1	640.00
06	16	15:00	深圳	06	16	21:30	北京	飞机	1	1,270.00			市内车费		
													邮电费		
													办公用品费		
													不卖卧铺补贴		
													其他		
合计									2	¥2,540.00				1	¥640.00

附件 3 张

报销总额	人民币（大写） 叁仟壹佰捌拾元整	预借金额		补领金额	¥3,180.00
				退还金额	

主管 魏尚　　审核 杨伟　　出纳 张静萱　　领款人 李斯

图 3-20　原始凭证

深圳增值税专用发票

4400191140　　№ 02032837

发票联　　开票日期：2021年06月16日

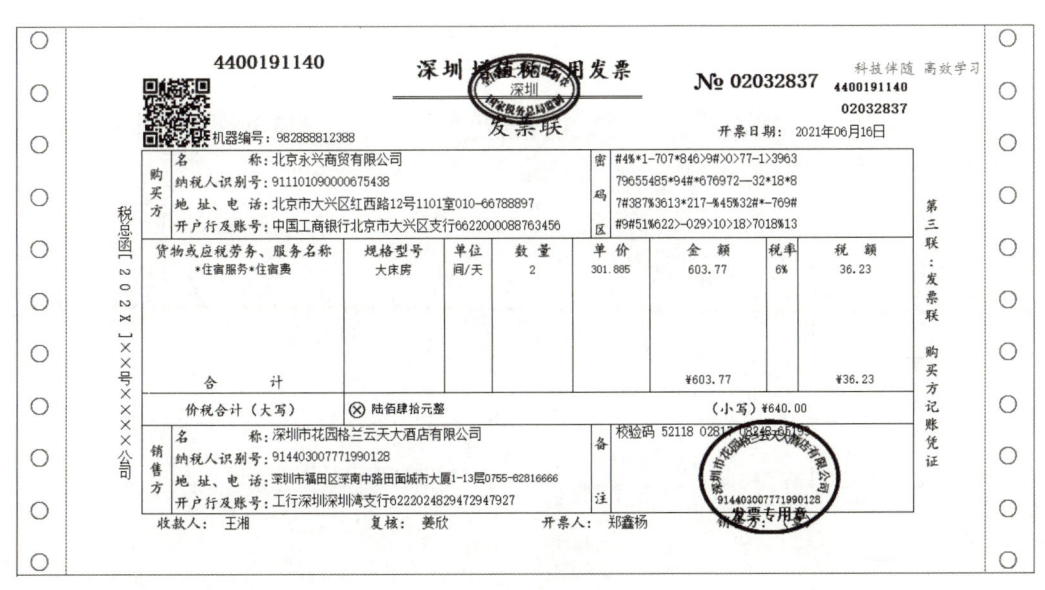

机器编号：982888812388

购买方：
- 名　称：北京永兴商贸有限公司
- 纳税人识别号：911101090000675438
- 地　址、电话：北京市大兴区红西路12号1101室 010-66788897
- 开户行及账号：中国工商银行北京市大兴区支行6622000088763456

密码区：
#4%*1-707*846>9#>0>77-1>3963
79655485*94#*676972—32*18*8
7#387%3613*217-%45%32#*-769#
*9#51%622>-029>10>18>7018%13

货物或应税劳务、服务名称	规格型号	单位	数量	单价	金额	税率	税额
*住宿服务*住宿费	大床房	间/天	2	301.885	603.77	6%	36.23
合　计					¥603.77		¥36.23

价税合计（大写）　⊗ 陆佰肆拾元整　　（小写）¥640.00

销售方：
- 名　称：深圳市花园格兰云天大酒店有限公司
- 纳税人识别号：914403007771990128
- 地　址、电话：深圳市福田区深南中路田面城市大厦1-13层 0755-62816666
- 开户行及账号：工行深圳湾支行6222024829472947927

备注：校验码 52118 02817 ...

收款人：王湘　　复核：姜欣　　开票人：郑鑫杨　　销售方：（发票专用章）

图 3-21　原始凭证

智能会计信息系统应用

中国工商银行
业务回单（付款）

日期： 2021 年 06 月 18 日　　回单编号： 50862876386

付款人户名： 北京永兴商贸有限公司　　付款人开户行： 中国工商银行北京市大兴区支行

付款人账号（卡号）： 6622000088763456

收款人户名： 李斯　　收款人开户行： 中国工商银行北京市大兴区支行

收款人账号（卡号）： 6622220226885786

金额： 叁仟壹佰捌拾元整　　小写： ¥3,180.00

业务（产品）种类：　　凭证种类： 0866488212　　凭证号码： 66577998059416490

摘要： 差旅费　　用途：　　币种： 人民币

交易机构： 0889616963　　记账柜员： 56799　　交易代码： 14501　　渠道：

6622220226885786

（中国工商银行北京市大兴区支行 电子回单专用章）

本回单为第 1 次打印，注意重复　　打印日期： 2021 年 06 月 18 日　　打印柜员：0　　验证码： 047235677213

图 3-22　原始凭证

图 3-23　原始凭证

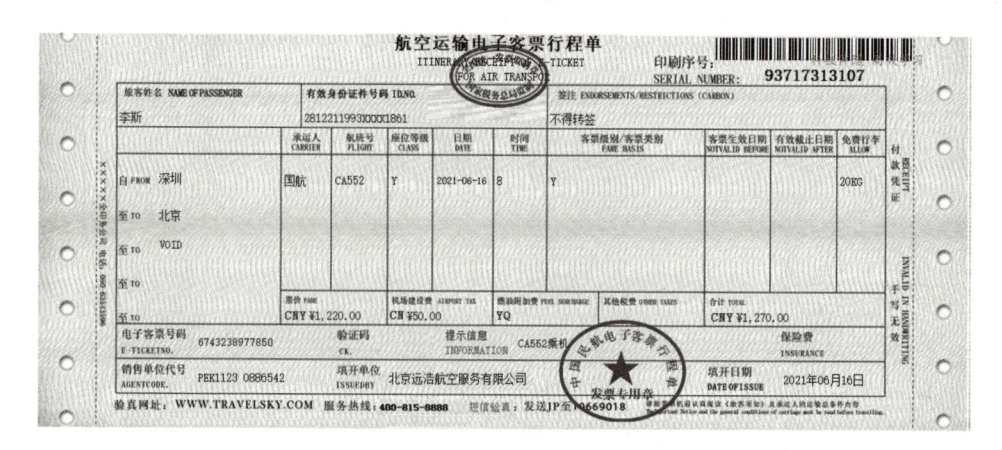

图 3-24　原始凭证

2. 票据处理岗人员根据业务性质完成票据分类

3. 票据处理岗人员核对信息采集的准确性并完成审核

二、任务准备

(一) 知识准备

1. 票据采集功能概述

票据采集功能主要负责对原始凭证的采集和审核等处理工作，具体采用了光学字符识别（Optical Character Recognition，OCR）技术。该技术采用电子设备（如扫描仪或数码相机）检查纸上打印的字符，通过检测暗、亮的模式确定其形状，然后用字符识别方法将形状翻译成计算机文字，即针对印刷体字符，采用光学的方式将纸质文档中的文字转换成黑白点阵的图像文件，并通过识别软件将图像中的文字转换成文本格式，供文字处理软件进一步编辑加工。

会计信息系统通过票据采集功能，不仅能将纸质单据的图片信息作为影像资料保存为电子档案，大大提高票面信息采集的速度、质量和精度，还能通过票面信息与制单规则的关联，实现从票据采集到凭证处理环节的自动化处理。这种处理技术，满足了企业会计档案电子化和无纸化的发展趋势要求，大大提高了会计处理的智能化和自动化程度。

2. 票据业务分类

企业实际业务中的票据按业务的性质大致可以分为商品销售业务票据、存货采购业务票据和费用报销业务票据。

（1）商品销售业务

商品销售业务涉及销售订货、销售发货、销售开票、销售出库、结转销售成本和销售收款结算等环节。销售业务的单据主要包括购销合同、增值税发票、发货单、销售出库单和收款凭证等。

（2）存货采购业务

存货采购业务涉及采购订货、采购入库、采购发票输入和采购付款等过程。采购业务涉及的单据主要包括购销合同、增值税发票、入库单和付款凭证等。

（3）费用报销业务

费用报销业务主要包括租赁费、差旅费、办公费、广告费、业务招待费、培训费和资料费等零星开支。费用报销业务涉及的单据主要包括增值税发票、合同和费用报销单等。

(二) 任务要领

① 熟悉票据采集模块的功能。
② 熟悉原始票据的分类。

三、任务实施

(一) 业务流程

票据采集的操作流程如图 3-25 所示。

票据采集 ➡ 票据分类 ➡ 票据审核

图 3-25　票据采集的操作流程

（二）任务操作

① 票据处理岗人员进入财天下，执行"票据 | 票据采集"命令，单击"本地票据采集"按钮，进入票据采集界面，如图 3-26 所示。

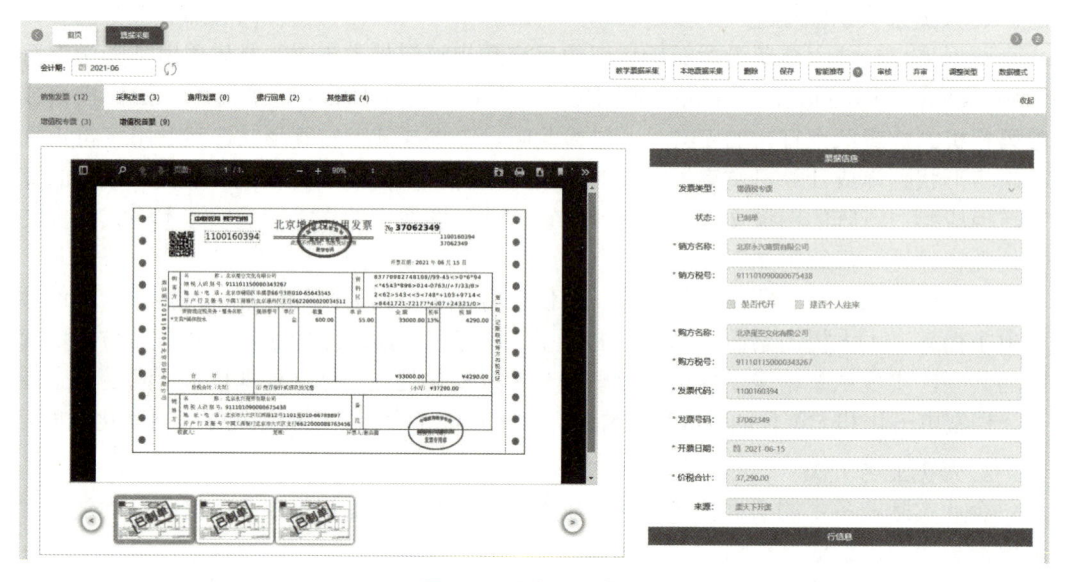

图 3-26　票据采集界面

② 单击选择文件，选择相应的票据，单击"打开 | 上传"按钮，系统弹出"共上传 1 条数据"对话框。

③ 核对采集的数据与发票数据，如果无误，则单击"审核"按钮，系统弹出"审核结果"对话框。

④ 单击"确定"按钮，发票下方由"未审核"改为"已审核"字样。

⑤ 参照上述步骤，采集并审核其他业务票据。

票据采集

四、任务评价

填写"票据采集"任务评价表，如表 3-2 所示。

表 3-2 "票据采集"任务评价表

工作任务清单	完成情况
在票据采集模块完成票据采集	
掌握票据信息的审核要点	
区分原始票据的分类原则	

五、任务拓展

① **思考**：票据制单完成，发现错误应该怎样处理？

② **训练**：完成 1+X 智能财税职业技能等级证书初级代理实务工作领域二任务一至任务五的票据采集训练。

任务三　商品销售

一、任务情境

（一）任务场景

北京紫林集团财税共享中心进行销售商品业务处理，北京永兴商贸有限公司销售部门提供业务处理所需的资料。

（二）任务布置

① 2021 年 6 月 5 日，会计核算岗人员通过票据制单功能，完成商品销售业务的制单任务，并通过凭证管理功能查询制单凭证。

② 2021 年 6 月 8 日，会计核算岗人员通过新增凭证功能，完成收到货款的制单任务，通过凭证管理功能查询制单凭证。

二、任务准备

（一）知识准备

1. 销售业务

销售业务是企业生产经营成果的实现过程，是企业经营活动的中心。销售部门在企业中处于市场与企业接口的位置，主要职能是为客户提供产品及服务，从而加速企业的资金周转并获取利润，为企业提供生存与发展的动力。

2. 应收账款的核算内容

① 应收账款是指因销售活动或提供服务而形成的债权，不包括应收职工欠款、应收债务人的利息等其他应收款。

② 应收账款是指流动资产性质债权，不包括长期的债权，如购买长期债券等。

③ 应收账款是指本公司应收客户的款项，不包括本公司付出的各类存出保证金，如投标保证金和租入包装物等保证金等。

3. 应收账款管理

应收账款管理是指在赊销业务中，从销售方将货物或服务提供给购买方债权成立开始，到款项实际收回或作为坏账处理结束，销售方企业采用系统的方法和科学的手段，对应收账款回收全过程所进行的管理。其目的是保证足额、及时收回应收账款，降低和避免信用风险。

在"应收账款"科目中可按照客户设置辅助核算。辅助核算是科目的辅助性说明，无须设置下一级明细科目，从而简化科目的层级数量。

（二）任务要领

① 掌握销售商品业务自动生成凭证的操作流程。
② 掌握收到货款业务自动生成凭证的操作流程。

三、任务实施

（一）业务流程

销售业务的操作流程如图 3-27 所示。

票据制单/新增凭证 ➡ 凭证管理

图 3-27　销售业务的操作流程

（二）任务操作

1. 销售业务

① 涉税服务岗人员开具增值税专用发票后，会计核算岗人员进入财天下，执行"凭证 | 票据制单 | 销售发票"命令，选择会计期间"2021-06"，查看系统生成的销售发票信息是否正确，如图 3-28 所示。

图 3-28　销售发票信息

② 会计核算岗人员进入财天下，执行"凭证 | 凭证管理"命令，选择会计期间

"2021-06 至 2021-06"，查看自动生成的销售商品凭证是否正确，如图 3-29 所示。

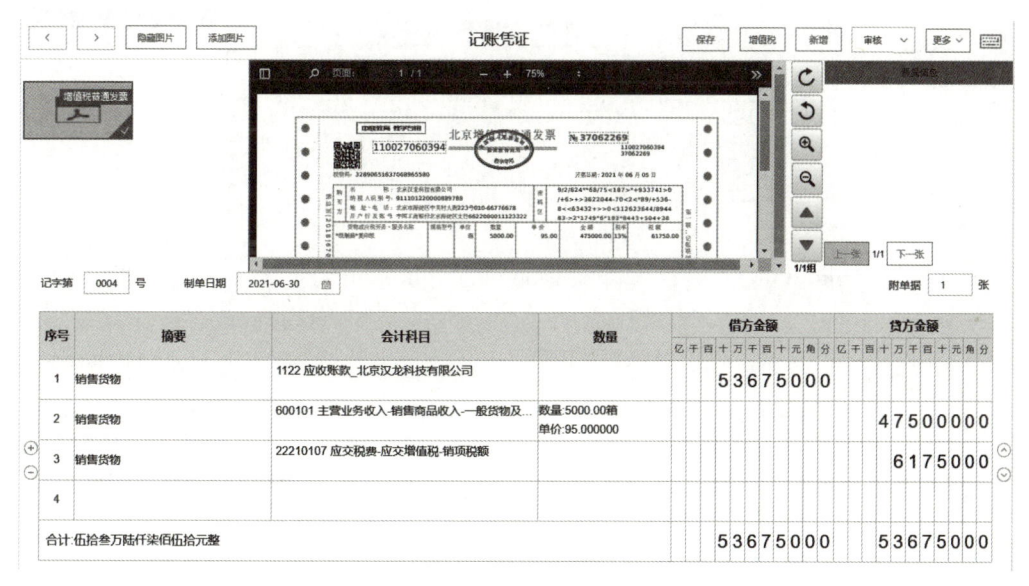

图 3-29 销售商品凭证

销售商品

2. 收到货款

① 票据处理岗人员完成票据采集后，会计核算岗人员进入财天下，执行"凭证|票据制单|银行回单"命令，选择会计期间"2021-06"，查看系统生成的银行回单信息是否正确，如图 3-30 所示。

图 3-30 银行回单信息

② 会计核算岗人员进入财天下，执行"凭证|凭证管理"命令，选择会计期间"2021-06 至 2021-06"，查看自动生成的收到货款凭证是否正确，如图 3-31 所示。

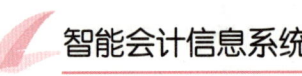

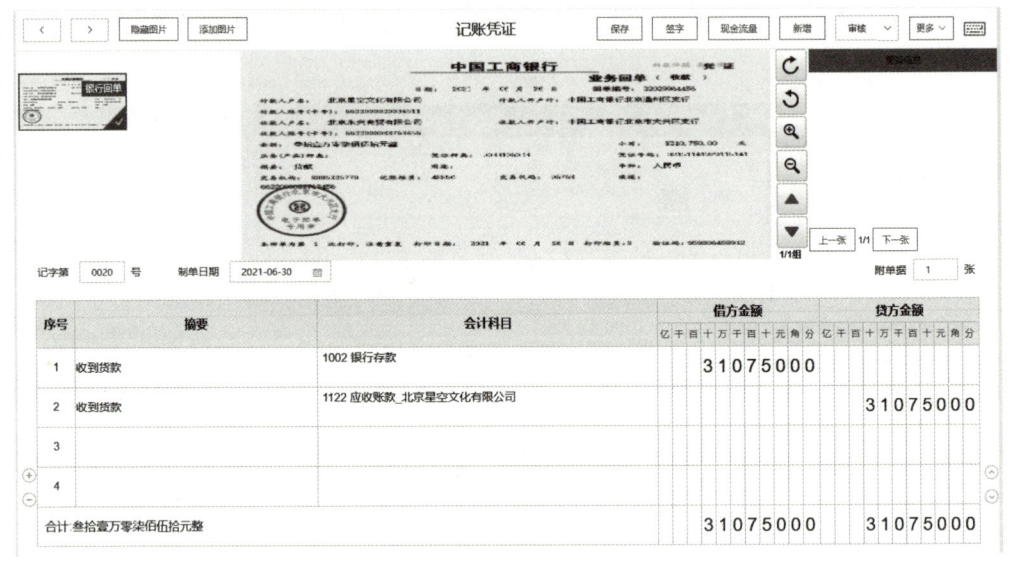

图 3-31 收到货款凭证

收到货款

四、任务评价

填写"商品销售"任务评价表,如表 3-3 所示。

表 3-3 "商品销售"任务评价表

工作任务清单	完成情况
掌握销售业务的发票制单和审核	
掌握收款业务的凭证处理	
熟悉销售商品业务的流程	

五、任务拓展

① **思考**:会计核算岗人员发现涉税服务岗人员开具的发票信息错误,应如何处理?

② **训练**:完成 1+X 智能财税职业技能等级证书初级代理实务工作领域二任务一销售类业务和任务三银行结算类业务中的相应训练。

任务四　存货采购

一、任务情境

（一）任务场景

北京紫林集团财税共享中心进行存货采购业务的处理，北京永兴商贸有限公司采购部门提供业务处理所需的资料。

（二）任务布置

① 2021年6月2日，会计核算岗人员通过票据制单功能完成存货采购业务的制单任务，并通过凭证管理功能查询制单凭证。

② 2021年6月4日，会计核算岗人员通过新增凭证功能完成存货采购入库业务的制单任务，并通过凭证管理功能查询制单凭证。

③ 2021年6月10日，会计核算岗人员通过票据制单功能完成支付货款的制单任务，并通过凭证管理功能查询制单凭证。

二、任务准备

（一）知识准备

1. 存货采购的成本

存货采购的成本即通过采购方式取得材料而实际发生的费用，由买价、外地运杂费、包装费、运输损耗、入库前的挑选整理费(包括损耗)等构成。

2. 采购与付款管理

采购与付款管理是企业物资供应部门按照企业的物资需求计划，通过市场采购、加工定制等渠道，取得企业生产经营活动所需要的各种物资并支付款项的过程。企业的采购与付款业务可以分为采购业务和付款业务。从业务流程上看，付款业务是采购业务的延续。

3. 购销合同

购销合同是当事人或当事双方之间设立、变更、终止民事关系的协议。依法成立的合同受法律保护。

4. 到货、检验和入库

采购货物到达企业后，需要对货物进行清点，检查货物是否与订单内容一致，检验时如发现不合格货物则不能入库，可以按照合同或协议的约定，确定由供货方补齐、返修还是退货。

5. 开票、结算

财务部门核对各种业务单据，如合同、订货单、到货单，确认到货单和入库单无误，并且符合采购计划和付款条件，才能按照合同条款进行付款。

（二）任务要领

① 存货采购业务自动生成凭证的操作流程。
② 采购入库业务手动新增凭证的操作流程。

三、任务实施

（一）业务流程

存货采购业务的操作流程如图 3-32 所示。

票据制单/新增凭证 ➡ 凭证管理

图 3-32 存货采购业务的操作流程

（二）任务操作

1. 存货采购

① 票据处理岗人员完成票据采集后，会计核算岗人员进入财天下，执行"凭证|票据制单|采购发票"命令，选择会计期间"2021-06"，查看系统生成的存货采购进项发票信息是否正确，如图 3-33 所示。

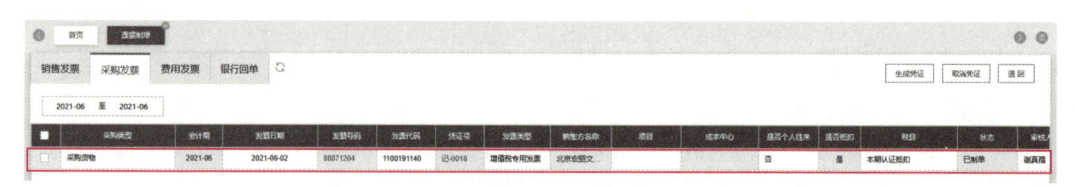

图 3-33 存货采购进项发票信息

② 会计核算岗人员执行"凭证|凭证管理"命令，选择会计期间"2021-06 至 2021-06"，调整凭证中"库存商品_复印纸"和"库存商品_固体胶水"会计科目为"在途物资_复印纸"和"在途物资_固体胶水"，如图 3-34 所示。然后单击"保存"按钮。

2. 存货采购入库

票据处理岗人员完成票据采集后，会计核算岗人员进入财天下，执行"凭证|新增凭证"命令，在会计科目的借方填写"库存商品"，辅助核算选择"复印纸"和"固体胶水"，并填入相应的数量和单价；贷方填写"在途物资"。同样，辅助核算选择"复印纸"和"固体胶水"，并填入相应的数量和单价。然后单击"单据图片"按钮添加附件，起止时间选择"2021-06"，发票类型选择"其他发票"。单击"查询"按钮，选中"其他发票"，再单击"保存"按钮。生成的存货采购入库凭证如图 3-35 所示。

单元三 日常财税业务处理

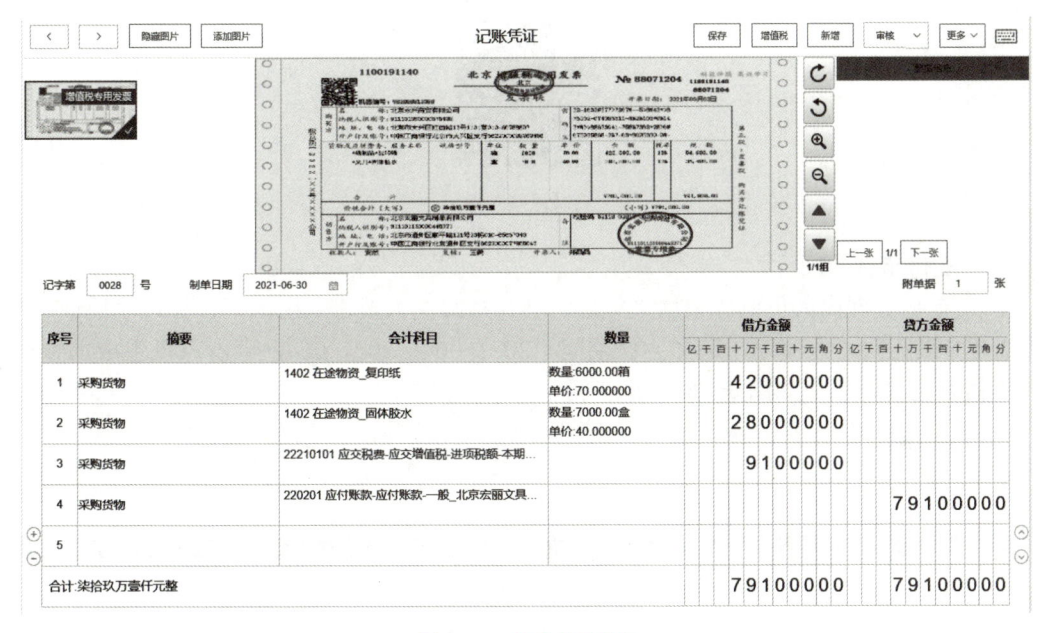

图 3-34 存货采购凭证

存货采购

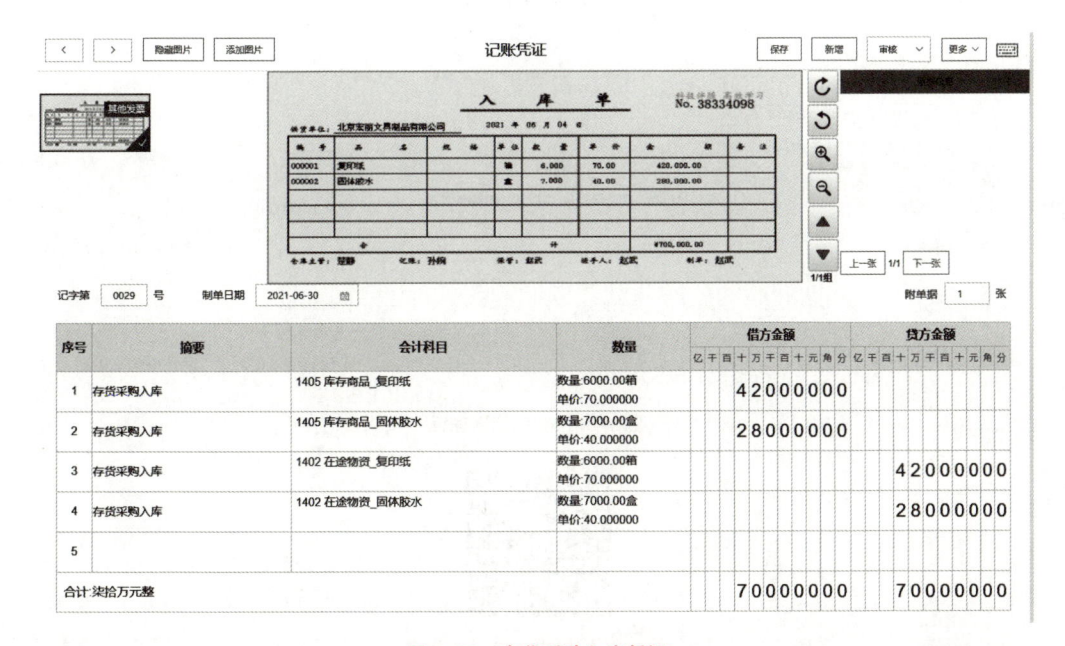

图 3-35 存货采购入库凭证

智能会计信息系统应用

存货采购入库

3. 支付货款

① 票据处理岗人员完成票据采集后，会计核算岗人员进入财天下，执行"凭证 | 票据制单 | 银行回单"命令，选择会计期间"2021-06 至 2021-06"，查看系统生成的银行回单信息是否正确，如图 3-36 所示。

图 3-36　银行回单信息

② 会计核算岗人员进入财天下，执行"凭证 | 凭证管理"命令，选择会计期间"2021-06 至 2021-06"，查看自动生成的支付货款凭证是否正确，如图 3-37 所示。

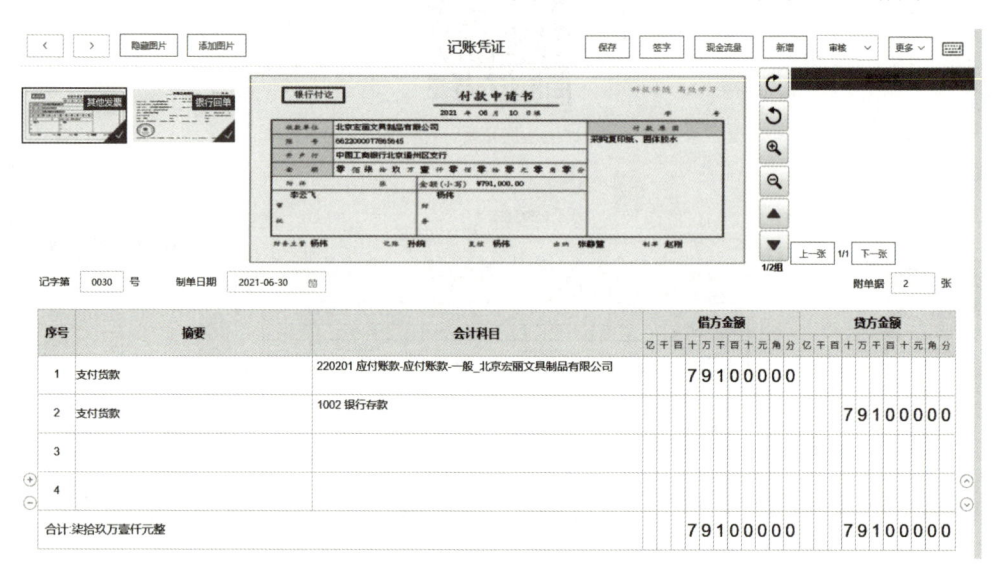

图 3-37　支付货款凭证

支付货款

四、任务评价

填写"存货采购"任务评价表,如表3-4所示。

表3-4 "存货采购"任务评价表

工作任务清单	完成情况
掌握存货采购业务的发票制单及审核	
掌握存货采购入库业务的新增凭证处理和附件的添加	
熟悉存货采购业务的流程	

五、任务拓展

① **思考**:如果存货采购收到的是普通发票,则应该怎样进行业务处理?

② **训练**:完成1+X智能财税职业技能等级证书初级代理实务工作领域二任务二采购类业务和任务三银行结算类业务中的相应训练。

任务五 费用报销

一、任务情境

(一)任务场景

北京紫林集团财税共享中心进行费用报销的业务处理,北京永兴商贸有限公司业务部门提供业务处理所需的资料。

(二)任务布置

① 2021年6月1日,会计核算岗人员核对业务类型和费用类型,通过票据制单功能完成支付本月办公房屋租赁费的业务处理。

② 2021年6月18日,会计核算岗人员通过费用报销单功能完成报销差旅费的业务处理。

二、任务准备

(一)知识准备

① 使用票据制单方式是指按发票类型归集的全自动化制单方式,包括增值税专用发票、增值税普通发票及其电子发票。

② 使用费用报销单方式是指按费用类型归集的半自动化制单方式,包括火车票、行程单、增值税卷票、出租车票、定额票及其他票据的制单工作。利用上传火车票、定

额发票等原始凭证，通过系统匹配业务类型和费用类型，从而自动生成相关记账凭证。同时，可利用合并生成凭证功能实现多个条目的合并制单。

（二）任务要领

掌握费用报销的两种制单流程。

三、任务实施

（一）业务流程

方式一　使用票据制单功能的操作流程如图 3-38 所示。

业务类型/费用类型 ➡ 票据制单 ➡ 凭证管理

图 3-38　费用报销业务操作流程——使用票据制单功能

方式二　使用费用报销单功能的操作流程如图 3-39 所示。

费用报销单 ➡ 凭证管理

图 3-39　费用报销业务操作流程——使用费用报销单功能

（二）任务操作

1. 报销房屋租赁费

① 使用票据制单功能处理费用报销业务时，应确认财天下是否初始设置了相关费用的业务类型和费用类型。会计核算岗人员进入财天下，执行"会计平台|业务类型|费用类型"命令，查询报销房屋租赁费业务类型详情，如图 3-40 所示。

业务类型详情					
编码	60010002	*名称 房屋租赁费（专票）		上级编码	6001
*部门属性	管理部门	*发票类型 增值税专用发票		税收分类	经营租赁
*摘要规则	行摘要	默认税目 本期认证抵扣		☑是否抵扣　□是否差旅　☑是否启用	

操作	摘要	科目	科目方向	数据来源
⊕ 🗑	房屋租赁费	660210 管理费用-租赁费	借	金额
⊕ 🗑	房屋租赁费	22210101 应交税费-应交增值税-进项税	借	税额
⊕ 🗑	房屋租赁费	1002 银行存款	贷	自动平衡

图 3-40　查询报销房屋租赁费业务类型详情

如果没有，则需要手动新增。会计核算岗人员执行"会计平台|业务类型|费用类型|新增"命令，填写报销房屋租赁费业务类型详情，如图 3-41 所示。

② 执行"会计平台|费用类型"命令，查询报销房屋租赁费业务类型对应的费用类型是否设置。如果没有，则需要手动新增。单击任意"+"号，完成业务类型与费用类

型的匹配设置，如图 3-42 所示。

图 3-41　填写报销房屋租赁费业务类型详情

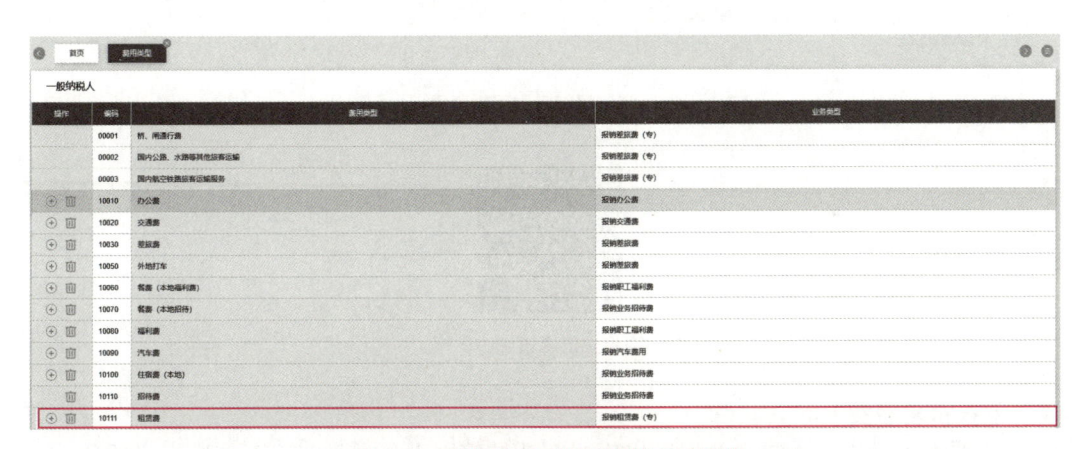

图 3-42　业务类型与费用类型的匹配设置

③ 票据处理岗将办公费发票采集至进项发票中，会计核算岗人员进入财天下，执行"凭证|票据制单|费用发票"命令，选择会计期间"2021-06 至 2021-06"，查看系统生成的报销房屋租赁费进项发票信息是否正确，如图 3-43 所示。

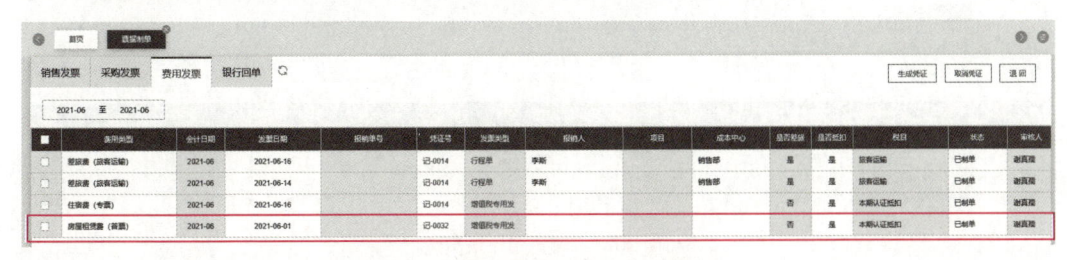

图 3-43　报销房屋租赁费进项发票列表

④ 会计核算岗人员执行"凭证|凭证管理"命令，选择会计期间"2021-06至2021-06"，查看凭证是否正确，并单击"单据图片"按钮添加附件。起止时间选择"2021-06"，单击"查询"按钮。选中"其他发票"，单击"保存"按钮。自动生成报销房屋租赁费凭证，如图3-44所示。

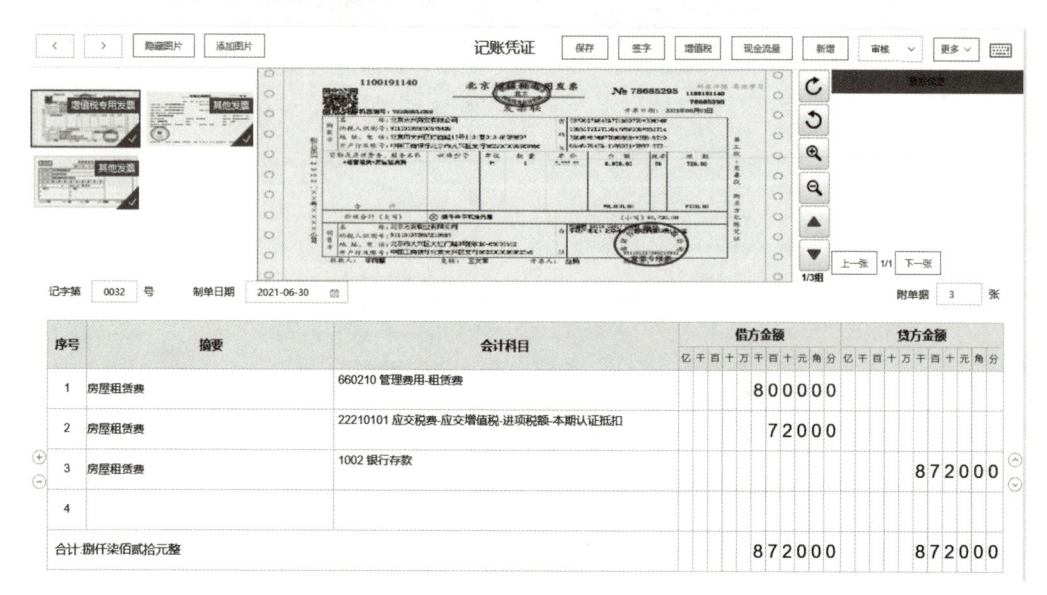

图3-44 报销房屋租赁费凭证

报销房屋租赁费

2. 报销差旅费

① 票据处理岗人员完成票据采集后，会计核算岗人员进入财天下，执行"凭证|票据制单|费用发票"命令，选择会计期间"2021-06至2021-06"，选中采集差旅费自动生成的凭证，单击"取消凭证"按钮，如图3-45所示。选中3列数据，再执行"生成凭证|按所选单据合并生成凭证"命令，系统自动合并生成一张凭证。

图3-45 费用报销单列表

②会计核算岗人员执行"凭证 | 凭证管理"命令,选择会计期间"2021-06至2021-06",调整凭证中"管理费用-差旅费""应交税费-应交增值税-进项税额-旅客运输"会计科目为"销售费用-差旅费""应交税费-应交增值税-进项税额-本期认证抵扣-旅客运输",增加一行会计科目"应交税费-应交增值税-进项税额-本期认证抵扣",修改借方金额分别为"201.46"和"36.23",再单击"保存"按钮,生成报销差旅费凭证,如图3-46所示。

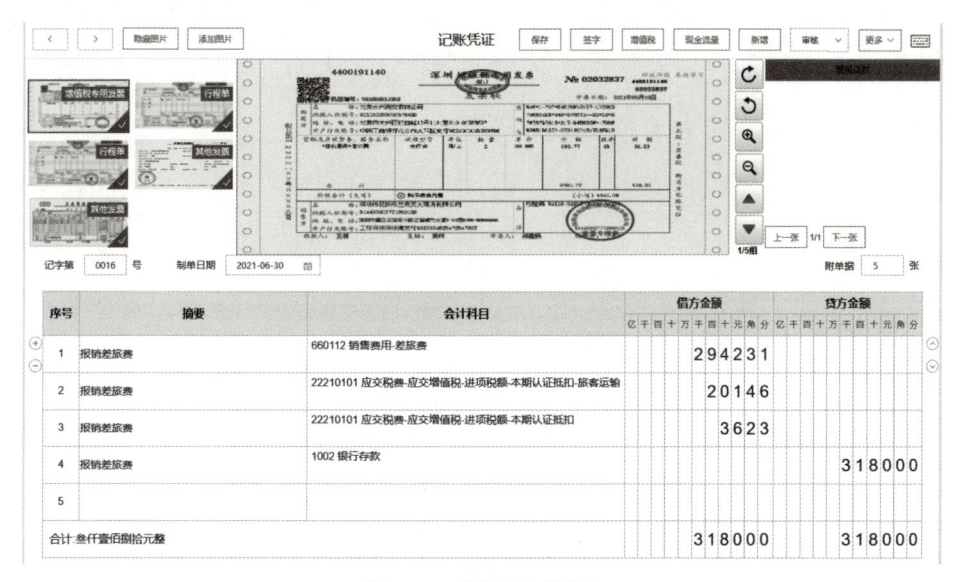

图3-46 报销差旅费凭证

报销差旅费

四、任务评价

填写"费用报销"任务评价表,如表3-5所示。

表3-5 "费用报销"任务评价表

工作任务清单	完成情况
掌握日常费用业务的凭证生成和审核	
掌握费用报销单的业务处理流程	

五、任务拓展

① **思考**：区别销售商品业务发票、存货采购业务发票、费用报销业务票据的不同制单与审核方式。

② **训练**：完成1+X智能财税职业技能等级证书初级代理实务工作领域二任务四费用类业务中的相应训练。

单元四

资产管理

↘ 思政目标
1. 培养学生热爱会计工作，以及忠于职守、尽心尽力、尽职尽责的敬业精神。
2. 培养学生提高专业技能的主动性，使他们勤奋好学，不断提高业务水平。
3. 培养学生吃苦耐劳、热爱劳动的品质。

↘ 知识目标
1. 掌握固定资产管理的基础知识。
2. 掌握资产管理系统的功能。
3. 掌握固定资产业务的核算过程。

↘ 技能目标
1. 能够熟练进行资产管理系统的初始设置。
2. 能够正确处理固定资产的增加、减少及变动。
3. 能够正确计提折旧。
4. 能够合理使用资产管理系统查阅、调取相关资产的账表数据。

任务一 认知资产管理

一、任务情境

（一）任务场景
北京永兴商贸有限公司的产品全部销往国内市场，公司拥有 29 项固定资产，主要分为运输工具、电子设备和办公家具三大类。

（二）任务布置
北京永兴商贸有限公司于 2021 年 6 月启用资产管理系统。

二、任务准备

（一）知识准备

1. 资产管理系统的内容

资产管理系统的主要任务是：反映和监督固定资产和无形资产的收入、调出、保管、使用及清理报废等情况，并定期进行盘点，以保证其安全、完整；正确计算固定资产折旧，促使企业做好固定资产的维护、修理工作，保持固定资产的正常生产能力；分析固定资产的利用效果，节约设备投资，提高固定资产投资的经济效益。

2. 资产管理系统的功能

资产核算与管理具有既要顾及每月折旧的计算与结转需要，又要兼顾多年连续使用和管理的特点。资产管理系统的功能结构如图 4-1 所示。

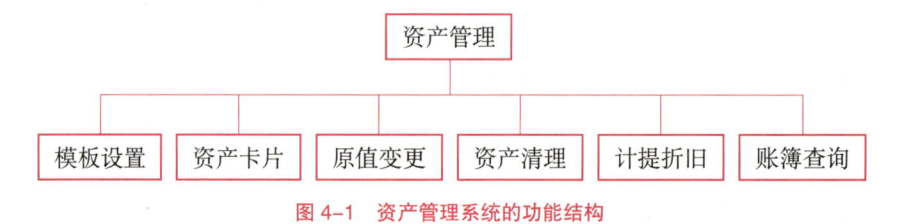

图 4-1　资产管理系统的功能结构

（1）模板设置

模板设置主要是设置资产管理系统的凭证生成规则，包括转总分类账、计提折旧、资产清理等。通过模板设置，实现资产管理系统自动生成相关记账凭证的功能。

（2）资产卡片

这是指设置固定资产卡片格式；对固定资产卡片进行存储和管理，使用户能灵活地进行增加、删除、修改和查询；按月、按部门分类别汇总固定资产数据；打印卡片汇总表，等等。

（3）原值变动

这是指固定资产改建扩建导致原值增加，拆除导致原值减少的情况，需要对固定资产的变动进行记录；根据固定资产投资转入、购建、清理、报废等凭证自动进行固定资产增减变动的核算；自动更新固定资产卡片，登记固定资产明细账，按月汇总出分部门、分类别、分增减变动种类的汇总数据，并可生成增减变动汇总表和增减变动明细表。

（4）计提折旧

这是指按照系统初始设置的运算关系进行运算，自动计算固定资产折旧、固定资产净值和生成计提折旧分配表等，并逐级汇总得到相应的固定资产报表等。

（5）账簿查询

提供资产总分类账、资产明细账、折旧明细账、折旧汇总表等账簿信息的查询。

单元四　资产管理

3. 资产管理系统与其他系统的关系

在集成化的会计信息系统中，资产管理系统往往与财天下相连接；资产管理系统完成自身业务后，自动生成相应的记账凭证并传递给财天下，由其进行审核和记账，实现财务与资产管理的一体化核算。

4. 岗位及人员设置

企业的资产管理业务一般由会计核算岗进行相关的核算与管理。该岗位的典型工作任务包括以下几项。

① 会同有关部门制定固定资产的核算与管理办法。
② 参与编制固定资产更新改造和大修理计划。
③ 负责固定资产增、减变动的明细核算和有关卡片、账、表的编制。
④ 负责计算固定资产的折旧，汇总、分配折旧费用，编制相关的记账凭证。
⑤ 参与资产清查工作。

5. 工作流程

资产业务在期初，需要由会计核算岗位人员进行系统的启用和参数设置，并进行基础档案设置和期初数据的输入。在原始卡片信息输入完成后，就可以开展日常业务了。资产的日常业务主要包括资产的增加、减少，资产原值的变动，计提折旧，制单处理和月末处理等。

在相关业务执行制单处理后，生成的记账凭证会自动传递给财天下，由财天下执行审核和记账操作。

（二）任务要领

① 熟悉资产管理系统的功能，了解各项功能与财天下的票据传递关系。
② 了解资产管理系统的工作流程。

三、任务实施

（一）业务流程

启用资产管理系统的操作流程如图 4-2 所示。

财天下 ➡ 基础设置 ➡ 账套信息 ➡ 启用资产管理

图 4-2　启用资产管理系统的操作流程

（二）任务操作

会计核算岗人员进入财天下，执行"基础设置 | 账套信息 | 启用资产管理"命令，选择启用日期"2021-06"，启用资产管理系统，如图 4-3 所示。然后单击"保存"按钮。

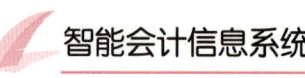

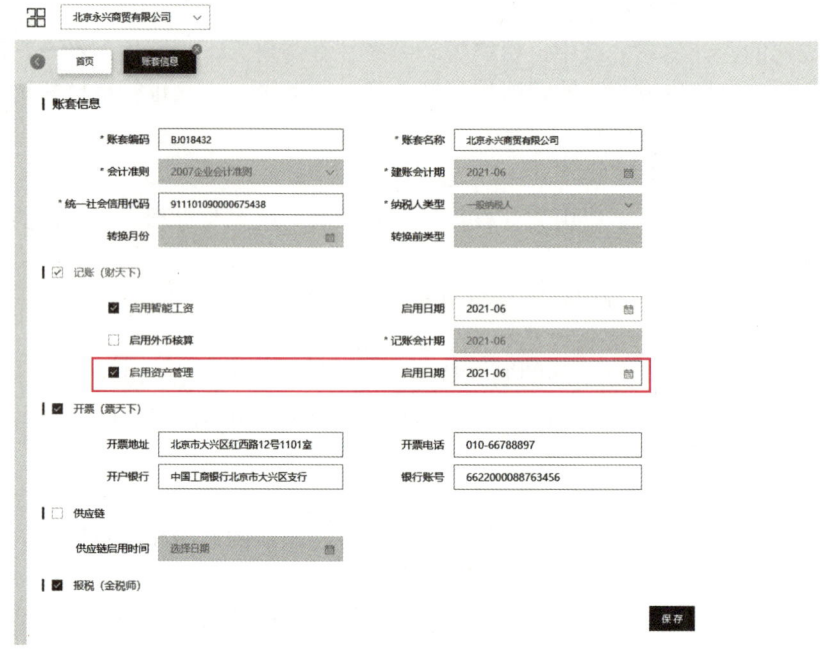

图 4-3 启用资产管理系统

启用资产管理系统

四、任务评价

填写"认知资产管理"任务评价表，如表 4-1 所示。

表 4-1 "认知资产管理"任务评价表

工作任务清单	完成情况
熟悉《企业会计准则第 4 号——固定资产》等相关法律法规的基本内容	
在财天下中了解并启用资产管理系统	
讲述利用资产管理系统完成固定资产管理业务的一般流程	

五、任务拓展

思考：何时需要启用资产管理系统？资产管理系统启用后给资产管理工作带来了哪些便利？

任务二　初始设置

一、任务情境

（一）任务场景

北京永兴商贸有限公司现委托北京紫林集团财税共享中心进行固定资产业务的处理。行政部提供固定资产管理及账务处理所需的资料。

（二）任务布置

① 会计核算岗人员设置部门费用科目，如图4-4所示。

部门编码	部门	科目设置
000001	总经办	660206 管理费用-资产折旧摊销费
000002	行政部	660206 管理费用-资产折旧摊销费
000003	财务部	660206 管理费用-资产折旧摊销费
000004	销售部	660107 销售费用-资产折旧摊销费
000005	采购部	660206 管理费用-资产折旧摊销费
000006	库管部	660206 管理费用-资产折旧摊销费

图4-4　部门费用科目

② 会计核算岗人员设置购入、折旧和清理的模板。

③ 会计核算岗人员输入期初固定资产卡片，如图4-5所示。（附导入模板）

*资产编码	*资产名称	*录入日期	*开始使用日期	*资产类别	*预计使用年限（月）	*原值	*折旧方式	税率	*部门	*残值率	*是否期初	期初累计折旧	期初折旧期间数（月）	期初已使用期间数（月）
2030001	大众轿车	2021-06-01	2019-04-01	运输工具	60	250,000.00	平均年限法	本期认证抵扣	行政部	0.04	是	100,000.00	25	26
2030002	大众轿车	2021-06-01	2019-04-01	运输工具	60	160,000.00	平均年限法	本期认证抵扣	销售部	0.04	是	64,000.00	25	26
2030003	箱式货车	2021-06-01	2019-04-01	运输工具	60	100,000.00	平均年限法	本期认证抵扣	库管部	0.04	是	40,000.00	25	26
2010001	联想台式电脑	2021-06-01	2019-04-01	电子设备	36	5,000.00	平均年限法	本期认证抵扣	财务部	0.04	是	3,333.33	25	26
2010002	联想台式电脑	2021-06-01	2019-04-01	电子设备	36	5,000.00	平均年限法	本期认证抵扣	财务部	0.04	是	3,333.33	25	26
2010003	联想台式电脑	2021-06-01	2019-04-01	电子设备	36	5,000.00	平均年限法	本期认证抵扣	财务部	0.04	是	3,333.33	25	26
2010004	联想台式电脑	2021-06-01	2019-04-01	电子设备	36	5,000.00	平均年限法	本期认证抵扣	行政部	0.04	是	3,333.33	25	26
2010005	联想台式电脑	2021-06-01	2019-04-01	电子设备	36	5,000.00	平均年限法	本期认证抵扣	行政部	0.04	是	3,333.33	25	26
2010006	联想台式电脑	2021-06-01	2019-04-01	电子设备	36	5,000.00	平均年限法	本期认证抵扣	行政部	0.04	是	3,333.33	25	26
2010007	联想台式电脑	2021-06-01	2019-04-01	电子设备	36	5,000.00	平均年限法	本期认证抵扣	采购部	0.04	是	3,333.33	25	26
2010008	联想台式电脑	2021-06-01	2019-04-01	电子设备	36	5,000.00	平均年限法	本期认证抵扣	销售部	0.04	是	3,333.33	25	26
2010009	联想台式电脑	2021-06-01	2019-04-01	电子设备	36	5,000.00	平均年限法	本期认证抵扣	销售部	0.04	是	3,333.33	25	26
2010010	联想台式电脑	2021-06-01	2019-04-01	电子设备	36	5,000.00	平均年限法	本期认证抵扣	销售部	0.04	是	3,333.33	25	26
2010011	HP打印复印一体机	2021-06-01	2019-04-01	电子设备	36	2,000.00	平均年限法	本期认证抵扣	财务部	0.04	是	1,333.33	25	26
2010012	HP打印复印一体机	2021-06-01	2019-04-01	电子设备	36	2,000.00	平均年限法	本期认证抵扣	财务部	0.04	是	1,333.33	25	26
2010014	HP打印复印一体机	2021-06-01	2019-04-01	电子设备	36	2,000.00	平均年限法	本期认证抵扣	行政部	0.04	是	1,333.33	25	26
2010015	HP打印复印一体机	2021-06-01	2019-04-01	电子设备	36	2,000.00	平均年限法	本期认证抵扣	采购部	0.04	是	1,333.33	25	26
2010016	戴尔服务器	2021-06-01	2019-04-01	电子设备	36	10,000.00	平均年限法	本期认证抵扣	财务部	0.04	是	6,666.67	25	26
6010001	办公桌	2021-06-01	2019-04-01	办公家具	60	5,000.00	平均年限法	本期认证抵扣	行政部	0.04	是	2,000.00	25	26
6010002	办公椅	2021-06-01	2019-04-01	办公家具	60	3,000.00	平均年限法	本期认证抵扣	行政部	0.04	是	1,200.00	25	26
6010004	资料柜	2021-06-01	2019-04-01	办公家具	60	3,000.00	平均年限法	本期认证抵扣	采购部	0.04	是	1,200.00	25	26
6010005	办公桌	2021-06-01	2019-04-01	办公家具	60	5,000.00	平均年限法	本期认证抵扣	销售部	0.04	是	2,000.00	25	26
6010006	资料柜	2021-06-01	2019-04-01	办公家具	60	3,000.00	平均年限法	本期认证抵扣	销售部	0.04	是	1,200.00	25	26
6010007	办公桌	2021-06-01	2019-04-01	办公家具	60	5,000.00	平均年限法	本期认证抵扣	库管部	0.04	是	2,000.00	25	26
6010009	办公桌	2021-06-01	2019-04-01	办公家具	60	5,000.00	平均年限法	本期认证抵扣	财务部	0.04	是	2,000.00	25	26
6010010	资料柜	2021-06-01	2019-04-01	办公家具	60	3,000.00	平均年限法	本期认证抵扣	财务部	0.04	是	1,200.00	25	26

图4-5　期初固定资产卡片

期初固定资产卡片导入模板

二、任务准备

（一）知识准备

基础信息设置应由会计核算岗人员在资产管理系统中完成，主要流程是启用资产管理系统、通过资产管理中的科目设置和模板设置帮助企业进行固定资产的核算与管理。

（二）任务要领

① 设置部门费用科目时注意部门对应的会计科目是否正确。
② 设置模板时注意按资产类别区分凭证模板中会计科目的二级明细科目。
③ 掌握新增和导入两种方式输入期初固定资产卡片信息。

三、任务实施

（一）业务流程

资产管理系统初始设置的操作流程如图 4-6 所示。

资产管理 ➡ 部门费用科目设置 ➡ 模板设置 ➡ 期初固定卡片输入

图 4-6　资产管理系统初始设置的操作流程

（二）任务操作

1. 部门费用科目设置

会计核算岗人员进入财天下，执行"资产管理 | 部门费用科目设置"命令，按部门性质匹配会计科目，如图 4-7 所示。然后单击"保存"按钮，完成部门费用科目设置。

图 4-7　部门费用科目设置

部门费用科目设置

2. 模板设置

会计核算岗人员进入财天下，执行"资产管理 | 模板设置"命令，单击"新增"按钮，模板类别选择"计提折旧"，完成计提折旧模板设置，如图 4-8 所示。重复上述步骤，购入业务选择"生成凭证"模板、处置业务选择"资产清理"模板，并完成相应账务设置。

图 4-8　计提折旧模板设置

计提折旧模板设置

3. 期初资产卡片信息输入

（1）手动新增

会计核算岗人员进入财天下，执行"资产管理 | 资产卡片"命令，单击"新增"按钮，是否期初选择"是"，输入资产编码为 2030001 的固定资产的期初数据，如图 4-9 所示。

图 4-9　资产期初数据输入

手动新增期初资产卡片

参照上述步骤，输入其他资产信息。

资产卡片是反映资产变化及资产核算和管理的依据。为了保持历史资料的连续性，在进行资产核算前，除要进行基础设置外，还要将建账日期以前的数据输入系统中，使资产管理系统中有一个完整的数据资料。为了保持资产核算的连续性，原始卡片信息必须在系统初始化时输入系统。在系统正式使用后，新增的卡片就不再是初始卡片了。

对于资产原始卡片信息的输入，主要包括以下几个方面。

〈1〉卡片编号

卡片编号是系统内区分不同卡片（固定资产）的内部标志，不允许重复，并且卡片编号是系统根据初始化时定义的编码方案自动设置的，不能更改——如果删除某一卡片又不是最后一张，则系统将保留空号。

〈2〉资产名称

按实际填写即可，如果是设备，就按设备标牌上的名字完整填写。

〈3〉开始使用日期

开始使用日期表示固定资产购建或安装后的正式入账日期。该日期与资产管理系统启用日期之差，构成了固定资产的已提折旧期间数，因此日期输入必须准确。固定资产从开始使用日期的下期开始计提折旧。

〈4〉预计使用年限

这是指固定资产或无形资产的使用期限。

〈5〉资产类别

资产类别主要包括固定资产、无形资产和长期待摊费用。其中，固定资产包括房屋建筑物、机器设备、办公家具、运输工具、电子设备、其他等；无形资产包括土地使用权、专利权、商标权、著作权、非专利技术、特许使用费等；长期待摊费用包括已提足折旧的改建支出、租入固定资产的改建支出、固定资产的大修理支出、开办费等。

〈6〉原值

原值是指固定资产的入账价值。原值应与财天下中"固定资产"科目的期初账面价值保持一致。

〈7〉残值率

残值是一项资产使用期满时预计能够回收的残余价值。残值率是残值除以原值的比率，固定资产常见的残值率为3%～5%。

〈8〉折旧方式

折旧方式是指该项固定资产计提折旧所采用的方法，包括平均年限法、双倍余额递减法、年数总和法等。

〈9〉固定（无形）资产科目

固定（无形）资产增加时的入账科目，通常为固定资产或无形资产。

〈10〉结算科目

这是固定（无形）资产增加时的结算科目，通常为银行存款。如果是该固定资产需要安装，则结算科目为在建工程。

〈11〉折旧（摊销）科目

这是固定（无形）资产计提折旧和摊销的科目，通常为累计折旧或累计摊销。

〈12〉折旧（摊销）科目

这是折旧摊销所计入费用的科目。通常需要根据该固定资产的使用部门选择管理费用或制造费用等科目。

〈13〉是否期初

选择是或否。如果选择是期初数据，则还需要输入后面的期初累计折旧、期初折旧期间数等信息。

〈14〉期初已使用期间数（月）

这是截至期初已经使用的期间数，可以修改。例如，对于试用期间停用等不计提折旧的月份可以扣除。

〈15〉期初折旧期间数（月）

这是截至期初实际已计提折旧的期间数。《企业会计准则》规定，新增固定资产在新增的下个月份计提折旧，因此如果没有停工等情况，则期初折旧期间数一般比期初已使用期间数少一个月。

〈16〉期初累计折旧

期初累计折旧是指固定资产购建至启用资产管理系统时累计计提的折旧额。一般情况下，可以由“已计提的月份”与“月折旧额”相乘所得，但是由于尾数误差的影响，为保证对账的正确性，应与财天下的“累计折旧”账面价值核对，以保证数据的一致性。

（2）批量导入

会计核算岗人员进入财天下，执行“资产管理 | 资产卡片”命令，单击“导入”按钮，批量导入资产卡片，如图 4-10 所示。

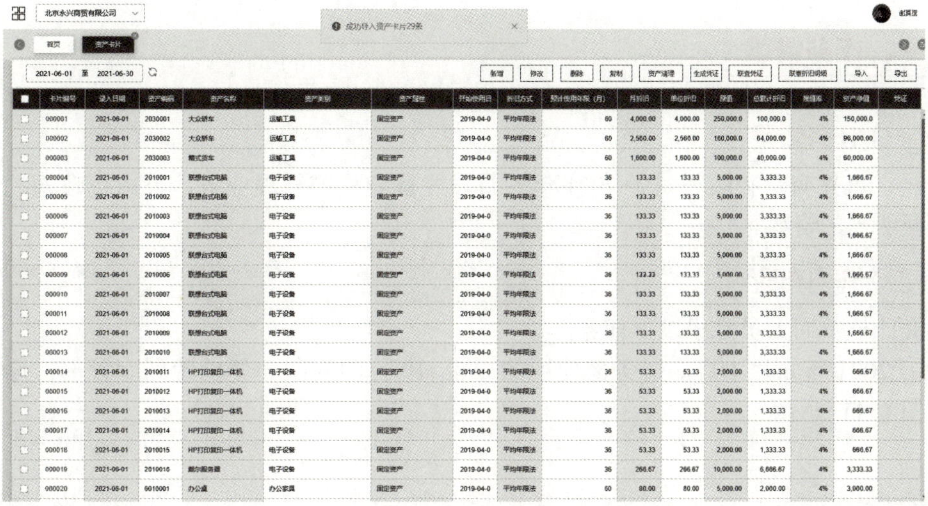

卡片编号	录入日期	资产编码	资产名称	资产类别	资产属性	开始使用日	折旧方式	预计使用年限（月）	月折旧	单位折旧	原值	总累计折旧	残值率	资产净值	凭证
000001	2021-06-01	2030001	大众轿车	运输工具	固定资产	2019-04-0	平均年限法	60	4,000.00	4,000.00	250,000.0	100,000.0	4%	150,000.0	
000002	2021-06-01	2030002	大众轿车	运输工具	固定资产	2019-04-0	平均年限法	60	2,560.00	2,560.00	160,000.0	64,000.00	4%	96,000.00	
000003	2021-06-01	2030003	厢式货车	运输工具	固定资产	2019-04-0	平均年限法	60	1,600.00	1,600.00	100,000.0	40,000.00	4%	60,000.00	
000004	2021-06-01	2010001	联想台式电脑	电子设备	固定资产	2019-04-0	平均年限法	36	133.33	133.33	5,000.00	3,333.33	4%	1,666.67	
000005	2021-06-01	2010002	联想台式电脑	电子设备	固定资产	2019-04-0	平均年限法	36	133.33	133.33	5,000.00	3,333.33	4%	1,666.67	
000006	2021-06-01	2010003	联想台式电脑	电子设备	固定资产	2019-04-0	平均年限法	36	133.33	133.33	5,000.00	3,333.33	4%	1,666.67	
000007	2021-06-01	2010004	联想台式电脑	电子设备	固定资产	2019-04-0	平均年限法	36	133.33	133.33	5,000.00	3,333.33	4%	1,666.67	
000008	2021-06-01	2010005	联想台式电脑	电子设备	固定资产	2019-04-0	平均年限法	36	133.33	133.33	5,000.00	3,333.33	4%	1,666.67	
000009	2021-06-01	2010006	联想台式电脑	电子设备	固定资产	2019-04-0	平均年限法	36	133.33	133.33	5,000.00	3,333.33	4%	1,666.67	
000010	2021-06-01	2010007	联想台式电脑	电子设备	固定资产	2019-04-0	平均年限法	36	133.33	133.33	5,000.00	3,333.33	4%	1,666.67	
000011	2021-06-01	2010008	联想台式电脑	电子设备	固定资产	2019-04-0	平均年限法	36	133.33	133.33	5,000.00	3,333.33	4%	1,666.67	
000012	2021-06-01	2010009	联想台式电脑	电子设备	固定资产	2019-04-0	平均年限法	36	133.33	133.33	5,000.00	3,333.33	4%	1,666.67	
000013	2021-06-01	2010010	联想台式电脑	电子设备	固定资产	2019-04-0	平均年限法	36	133.33	133.33	5,000.00	3,333.33	4%	1,666.67	
000014	2021-06-01	2010011	HP打印复印一体机	电子设备	固定资产	2019-04-0	平均年限法	36	53.33	53.33	2,000.00	1,333.33	4%	666.67	
000015	2021-06-01	2010012	HP打印复印一体机	电子设备	固定资产	2019-04-0	平均年限法	36	53.33	53.33	2,000.00	1,333.33	4%	666.67	
000016	2021-06-01	2010013	HP打印复印一体机	电子设备	固定资产	2019-04-0	平均年限法	36	53.33	53.33	2,000.00	1,333.33	4%	666.67	
000017	2021-06-01	2010014	HP打印复印一体机	电子设备	固定资产	2019-04-0	平均年限法	36	53.33	53.33	2,000.00	1,333.33	4%	666.67	
000018	2021-06-01	2010015	HP打印复印一体机	电子设备	固定资产	2019-04-0	平均年限法	36	53.33	53.33	2,000.00	1,333.33	4%	666.67	
000019	2021-06-01	2010016	戴尔服务器	电子设备	固定资产	2019-04-0	平均年限法	36	266.67	266.67	10,000.00	6,666.67	4%	3,333.33	
000020	2021-06-01	6010001	办公桌	办公家具	固定资产	2019-04-0	平均年限法	60	80.00	80.00	5,000.00	2,000.00	4%	3,000.00	

图 4-10　批量导入资产卡片

批量导入资产卡片

四、任务评价

填写"初始设置"任务评价表,如表 4-2 所示。

表 4-2 "初始设置"任务评价表

工作任务清单	完成情况
在财天下中完成固定资产期初信息的输入	
掌握新增资产、计提折旧、资产清理的账务处理	
理解不同纳税人购入固定资产的核算方法,并能在实际业务中应用	

五、任务拓展

思考:资产管理系统不仅适用于固定资产的管理,还适用于无形资产和长期待摊费用的管理,探索资产管理系统中无形资产管理的操作。

任务三 资产管理

一、任务情境

(一)任务场景

北京永兴商贸有限公司于 2021 年 6 月发生固定资产管理业务,公司行政部提供业务处理所需的资料。

(二)任务布置

会计核算岗人员完成以下任务。

① 2021 年 6 月 1 日,财务部使用的一台 HP 打印复印一体机转到库管部。原始凭证如图 4-11 所示。

固定资产部门转移单

资产编号	资产名称	规格型号	单位	原值（元）	数量
2020012	HP打印复印一体机		台	2,000	1

调出部门：财务部	调入部门：库管部
调出部门主管意见：同意	调入部门主管意见：同意
行政部门负责人意见：同意	
公司总经理意见：同意	日期：2021年6月1日

图 4-11　原始凭证

② 2021 年 6 月 10 日，行政部购入一台扫描仪。当日收到并投入使用，款项尚未支付。原始凭证如图 4-12 和图 4-13 所示。

图 4-12　原始凭证

固定资产验收单

2021 年 06 月 10 日　编号：　　金额单位：元

名称	规格型号	来源	数量	购(造)价	使用年限	预计残值
扫描仪		外购	1	4,000.00	36个月	160.00
安装费	月折旧率	建造单位		交工日期	附件	
0.00	2.6667%			2021年06月10日	专票1张	
验收部门	行政部	验收人员	孔捷	管理部门	行政部	管理人员	孔捷
备注	资产编码：2010017；资产类别：电子设备；折旧方式：平均年限法					

审核：杨伟　　制单：孙婉

图 4-13　原始凭证

③ 2021年6月18日，对购入的扫描仪新加蓝牙传输器。当日安装完毕，收到增值税专用发票，款项暂未支付；对该固定资产进行原值变更。原始凭证如图4-14所示。

图 4-14 原始凭证

④ 对本期资产进行折旧摊销处理。

⑤ 2021年6月30日，财务部的戴尔服务器不能满足业务需要，提前处置该设备，将戴尔服务器进行资产清理。原始凭证如图4-15至图4-17所示。

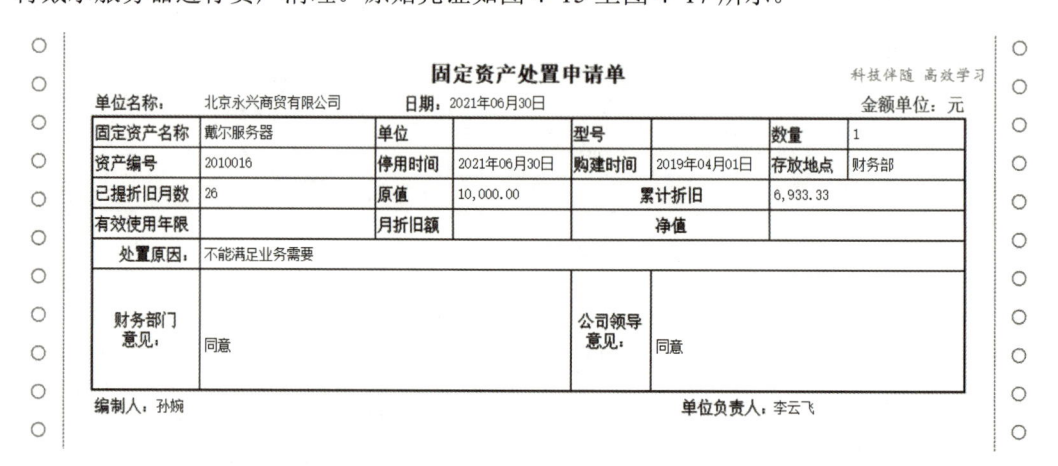

图 4-15 原始凭证

图 4-16　原始凭证

图 4-17　原始凭证

二、任务准备

（一）知识准备

固定资产日常业务处理主要包括以下内容。

1. 转移固定资产

这是指资产管理系统中固定资产调配的业务处理。以部门转移固定资产为例，转移固定资产实质是使用部门之间的转换，本业务不会发生经济业务，所以不会形成记账凭证，但会涉及计提折旧时的会计科目是否需要变更。

2. 固定资产增加

这是指在业务发生时根据实际业务要求，在固定资产卡片中选择输入新增固定资产的信息内容。具体操作方法与输入固定资产原始卡片信息相同。

固定资产卡片信息输入的是原始卡片信息还是本期新增的资产信息，取决于卡片信息输入时对"是否期初"参数的选择，如果选择"否"，即不是期初资产，则表示输入的是本期新增的资产。

3. 固定资产原值变动

固定资产入账价值已经在入账时确定，一般情况下不会改变。但可能存在特殊情况，如前期差错更正导致固定资产原值改变。固定资产更新改造、改建扩建等情况，有可能会导致原值增加。如果固定资产改建，拆除一部分附件，则还可能会导致原值减少。原值变动必须在系统中做原值变动处理，资产变动操作必须留下原始凭证，制作的原始凭证称为变动单。

4. 计提折旧

折旧是固定资产在使用过程中因损耗逐渐转移到新产品中去的那部分价值的一种补偿方式。在手工方式下，折旧通常由会计人员根据折旧方法和相应的资料手工计算。在会计信息系统中，自动计提折旧是资产管理系统的主要功能之一。系统每期计提折旧一次，根据输入系统的资料自动计提各个资产当期的折旧额，并将当期的折旧额自动累加到累计折旧项目，自动生成折旧汇总表，然后制作记账凭证，将本期的折旧费用自动登账。这样极大地提高了计提折旧的准确性和处理的效率。

5. 固定资产减少

固定资产清理并不是直接将固定资产卡片删除。资产管理系统提供资产清理功能记录固定资产的减少。需要注意的是，由于本期减少的固定资产本期仍需要计提折旧，因此在进行固定资产减少登记之前，必须先计提该部分固定资产的折旧，然后才能进行固定资产减少操作。

6. 出售固定资产

出售固定资产业务需要掌握资产管理系统中固定资产减少的业务处置。以出售固定资产为例，完成出售业务需要进行5步处理，并生成出售固定资产过程中的相关凭证。第1步，将固定资产账面价值结转→固定资产清理；第2步，发生清理费用等支出→固定资产清理；第3步，残料入库、残料变价收入及保险公司或责任人赔偿→固定资产清理；第4步，出售或处置收入→固定资产清理；第5步，固定资产清理完成后的净损益，分不同情况进行账务处理。

（二）任务要领

① 新增固定资产时注意"是否期初"选择"否"。

② 注意折旧、摊销表中在不同部门之间的分配、计提及需要归纳的费用明细。
③ 注意资产变动前后部分的价值、部门变化。

三、任务实施

（一）业务流程

资产管理的操作流程如图 4-18 所示。

转移资产 ➡ 新增资产 ➡ 原值变更 ➡ 计提折旧 ➡ 资产清理

图 4-18　资产管理的操作流程

（二）任务操作

1. 转移资产

会计核算岗人员进入财天下，执行"资产管理|资产卡片"命令，选中资产编码 2010012 的资产信息，单击"修改"按钮，修改部门为"库管部"，如图 4-19 所示。单击"保存"按钮，完成转移资产操作。

图 4-19　转移资产

转移资产

2. 新增资产

会计核算岗人员进入财天下，执行"资产管理|资产卡片"命令，单击"新增"按钮，是否期初选择"否"，输入资产编码 2010017 的资产信息，如图 4-20 所示。

图 4-20　新增资产

新增资产

3. 原值变更

会计核算岗人员进入财天下，执行"资产管理|原值变更"命令，期间选择"2021-06-01 至 2021-06-30"，单击"新增"按钮，完成资产原值变更，如图 4-21 所示。

图 4-21　原值变更

原值变更

4. 资产计提折旧

会计核算岗人员进入财天下，执行"资产管理|折旧及摊销"命令，期间选择"2021-06 至 2021-06"，单击"折旧及摊销"按钮，完成资产计提折旧，如图 4-22 所示。

图 4-22　资产计提折旧

资产计提折旧

5. 资产清理

① 会计核算岗人员进入财天下，执行"资产管理|资产卡片"命令，期间选择"2021-06-01 至 2021-06-30"，选中资产编号 2010016 的资产，单击"资产清理"按钮，清理选中的资产，如图 4-23 所示。选择资产清理月"2021-06"，单击"确定"按钮，完成资产清理月设置，如图 4-24 所示。

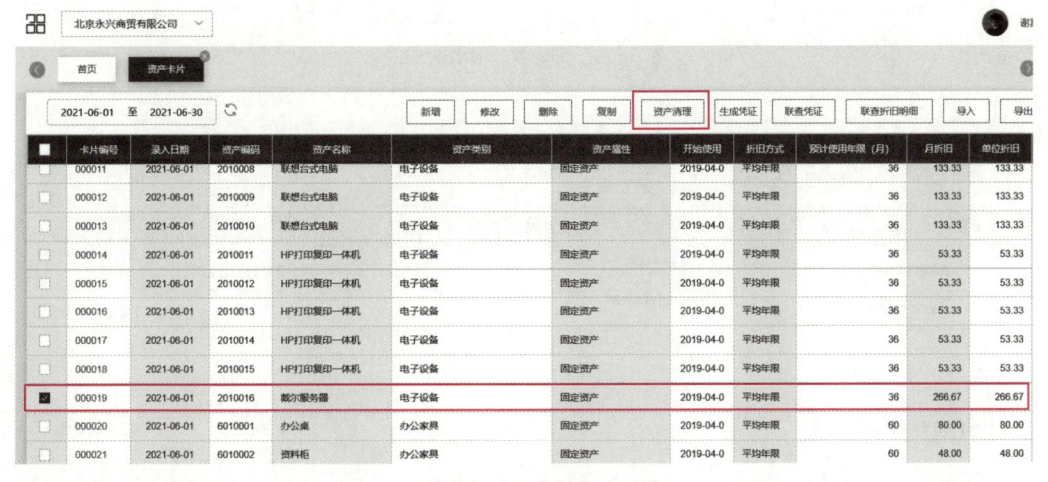

图 4-23　资产清理

资产清理

资产清理月 2021-06

取消 确定

图 4-24　资产清理月设置

资产清理

② 会计核算岗人员进入财天下，执行"凭证|新增凭证"命令，手工生成出售戴尔服务器凭证、清理戴尔服务器凭证，如图 4-25 和图 4-26 所示。

序号	摘要	会计科目	借方金额	贷方金额
1	出售戴尔服务器	1002 银行存款	200000	
2	出售戴尔服务器	1606 固定资产清理		176991
3	出售戴尔服务器	22210107 应交税费-应交增值税-销项税额		23009
4				
合计 贰仟元整			200000	200000

图 4-25　出售戴尔服务器凭证

序号	摘要	会计科目	借方金额	贷方金额
1	清理戴尔服务器	6115 资产处置损益	129675	
2	清理戴尔服务器	1606 固定资产清理		129675
3				
4				
合计 壹仟贰佰玖拾陆元柒角伍分			129675	129675

图 4-26　清理戴尔服务器凭证

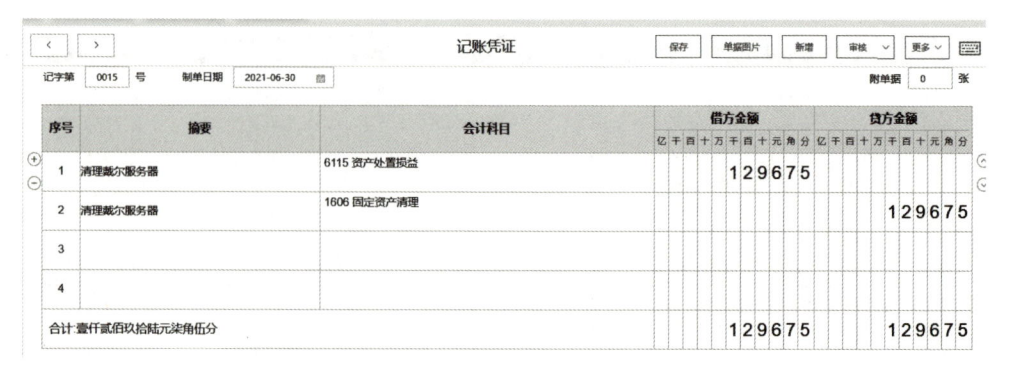

出售及清理手工凭证输入

四、任务评价

填写"资产管理"任务评价表，如表 4-3 所示。

表 4-3 "资产管理"任务评价表

工作任务清单	完成情况
在财天下中完成固定资产增加、原值变更、计提折旧、资产清理等操作	
熟悉新增资产、计提折旧、资产清理的账务处理	
理解有关固定资产的日常业务处理操作，并能在实际业务中应用	

五、任务拓展

思考： 资产管理系统是智能会计信息系统中的重要模块，可以实现对资产的专门化管理。请思考资产管理系统对无形资产的管理方式。

任务四 资产查询

一、任务情境

（一）任务场景

查询北京永兴商贸有限公司 6 月资产总账及明细账等账表。

（二）任务布置

① 查询资产明细账。
② 查询资产总账。
③ 查询折旧明细账。
④ 查询折旧汇总表。

二、任务准备

（一）知识准备

在进行了资产日常业务处理后，系统根据业务内容直接生成相应的资产账簿资料，主要包括资产总账、明细账、折旧明细账、折旧汇总表等。可以逐笔查询资产科目、累计折旧科目的发生额及余额，以及资产的净余值。

（二）任务要领

① 注意核对有变动的资产折旧。
② 本期相关资产业务已记录、已记账。

三、任务实施

（一）业务流程

资产账表查询的操作流程如图 4-27 所示。

资产管理 ➡ 资产明细账 ➡ 资产总账 ➡ 折旧明细账 ➡ 折旧汇总表

图 4-27　资产账表查询操作流程

（二）任务操作

1. 查询资产明细账

会计核算岗人员进入财天下，执行"资产管理|资产明细账"命令，期间选择"2021-06-01 至 2021-06-30"，查询资产明细账，如图 4-28 所示。

图 4-28　资产明细账

查询资产明细账

2. 查询资产总账

会计核算岗人员进入财天下，执行"资产管理|资产总账"命令，期间选择"2021-06-01 至 2021-06-30"，查询资产总账，如图 4-29 所示。

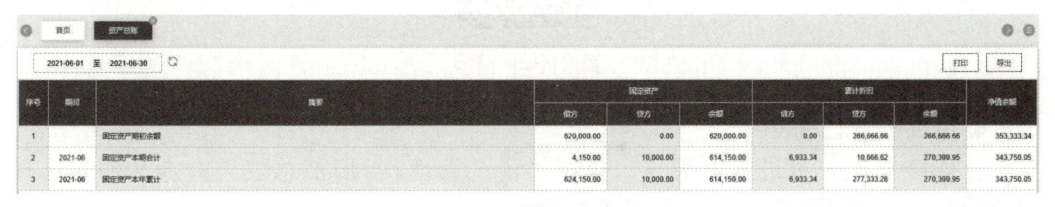

图 4-29 资产总账

查询资产总账

3. 查询折旧明细表

会计核算岗进入财天下，执行"资产管理|折旧明细账"命令，期间选择"2021-06 至 2021-06"，查询折旧明细账，如图 4-30 所示。

图 4-30 折旧明细账

查询折旧明细账

4. 查询折旧汇总表

会计核算岗人员进入财天下，执行"资产管理|折旧汇总表"命令，期间选择"2021-06"，查询折旧汇总表，如图4-31所示。

资产属性	资产类别	资产原值	本期折旧额	累计折旧额	资产净值
固定资产	办公家具	40,000.00	640.00	16,640.00	23,360.00
固定资产	运输工具	510,000.00	8,160.00	212,160.00	297,840.00
固定资产	电子设备	70,000.00	1,866.62	48,533.28	21,466.72
	固定资产小计	620,000.00	10,666.62	277,333.28	342,666.72
	合计	620,000.00	10,666.62	277,333.28	342,666.72

图4-31 折旧汇总表

查询折旧汇总表

四、任务评价

填写"资产账表查询"任务评价表，如表4-4所示。

表4-4 "资产账表查询"任务评价表

工作任务清单	完成情况
正确查询资产总账及明细账等账表	
了解账表的主要内容及用途	
熟悉有关资产的账表查询操作，并能在实际业务中应用	

五、任务拓展

思考： 资产管理系统中账表查询功能主要可查询资产明细账、资产总账、折旧明细账和折旧汇总表，请比较与财天下的账表查询功能有何异同。

单元五

智能工资

↘ 思政目标
1. 培养学生严肃认真、严谨细致的工作作风。
2. 培养学生严格进行会计核算，实施会计监督。
3. 培养学生全面熟悉智能工资政策和业务流程，协助领导决策，积极参与管理。

↘ 知识目标
1. 掌握智能工资系统的基础知识。
2. 掌握智能工资系统的功能。
3. 掌握工资业务核算过程。

↘ 技能目标
1. 能够完成智能工资系统的启用。
2. 能够完成智能工资系统的初始设置。
3. 能够应用智能工资系统计算个税。
4. 能够应用智能工资系统根据工资表数据自动生成记账凭证。
5. 能够合理使用智能工资系统查阅、调取相关账证数据。

任务一　认知智能工资管理

一、任务情境

（一）任务场景

北京永兴商贸有限公司设立总经办、行政部、财务部、采购部、销售部、库管部6个部门，职员17人。行政部提供工资计算所需相关资料。

（二）任务布置

北京永兴商贸有限公司于2021年6月启用智能工资系统。

二、任务准备

（一）知识准备

1. 智能工资系统概述

职工薪酬的核算是每个单位财会部门较基本的核算业务之一。一方面，职工薪酬直接关系到职工的切身利益和劳动积极性，所以企业必须按照国家工资管理的有关规定，按照职工提供的劳动质量和数量正确核算每一位职工的工资；另一方面，工资是企业生产过程中活劳动的耗费，是构成产品成本的重要因素，所以正确核算和管理工资是有效控制成本、降低产品成本的前提。

在手工方式下，由于工资的计算量大，且计算重复，因此要占用财务人员大量的工作时间和精力，并且容易出现差错，而使用计算机能保证工资核算数据的准确性和及时性。在财务软件中，一般都有专门的工资系统来处理工资业务。

2. 智能工资系统的功能

智能工资系统是财天下的一个子系统，适用于各类企业、行政事业单位进行工资核算、工资发放、工资费用分摊、工资统计分析和个人所得税核算等。智能工资系统可以在财天下"账套信息"中选择启用，启用后生成的工资凭证会传递到财天下的凭证管理中。其主要工作内容包括科目设置、人员信息采集、智能算税、查询与统计等。智能工资系统的功能结构如图5-1所示。

```
              智能工资
    ┌──────┬──────┼──────┬──────┐
  科目设置 人员信息采集 智能算税 五险一金 凭证生成 查询与统计
```

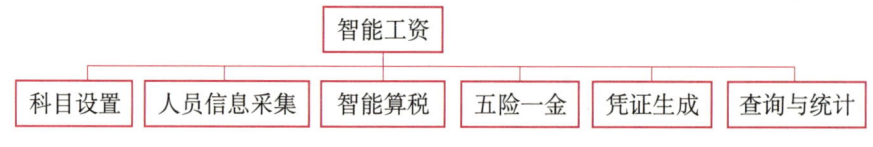

图5-1　智能工资系统的功能结构

（1）科目设置

科目设置是一种自动凭证模板。智能工资系统可以通过科目设置实现工资相关凭证的自动生成。科目设置包括计提工资和计提"五险一金"的科目。智能工资系统提供对工资费用的分摊、计提，进而完成企业工资费用的核算。

（2）人员信息采集

在进行工资核算之前，需要将人员信息、人员基本信息、人员专项信息采集到系统中。人员信息包括员工的姓名、性别、籍贯、身份证号、联系方式、开户银行、居住地等；人员基本信息从人员信息中同步过来；人员专项信息主要用于统计职工的专项附加信息，包括子女教育、继续教育、住房贷款、住房租金、赡养老人等信息，输入后方便进行专项附加扣除的计算。

（3）智能算税

智能算税是智能工资系统最核心的功能，企业将本期的工资基本数据用Excel表格统计汇总后，导入本功能，系统自动进行工资数据的计算。

（4）五险一金

该功能用于确认和调整职工的"五险一金"信息。如果某职工的企业负担的"五险一金"的基数、计提比例有变化，则可以在此进行调整。

（5）凭证生成

系统根据科目设置和本期工资数据计算结果，自动生成相关记账凭证，并传递给财天下。

（6）查询与统计

系统提供工资数据的个人维度和部门维度的全方位查询与统计功能，包括个人所得税申报表查询、部门工资统计等。

3. 工作岗位及工作流程

（1）工作岗位设置

职工薪酬业务主要是由会计核算岗人员来完成的。会计核算岗人员的典型职责如下。

① 监督企业遵守有关工资政策、制度。这是指正确地核算工资基金的使用情况，并会同劳资部门按批准的工资基金计划，掌握工资基金和各种奖金的支付。

② 正确及时地计算和发放工资。这是指按规定按月计算职工工资、奖金及津贴（包括各种扣款事项），以及离退休人员的离退休金。

③ 按照工资的用途和发生的地点，合理地分配工资费用，正确地计算产品成本。

④ 组织本单位的工资发放。

⑤ 按月装订工资核算资料，妥善保管，并定期全数归档。

⑥ 定期组织基层单位工资核算员进行工资核算的互查。在会计信息化环境下的会计核算岗人员的主要任务是搜集、记录和存储单位人员的工资数据，进行工资的计算和汇总，完成个人所得税的计算与代扣，进行工资分配、费用的计提并自动实现工资核算处理，输出工资的各种账表并进行分析。

（2）工作流程及任务分工

在进行工资日常核算之前，必须先设置工资核算的基础环境。这个过程叫初始设置，包括工资参数设置、人员基本信息设置等。会计核算岗人员主要是从人力资源部门输入有关工资的基础数据开始，然后由财务部门核对输入的资料，根据有关部门提供的扣款通知单输入代扣资料，系统自动计算职工的实发工资、编制工资结算单及工资汇总表，安排工资的发放，代扣代缴个人负担的社保、住房公积金及个人所得税。缴纳社保、住房公积金及个人所得税一般根据工资变动表的数据在总分类账中进行制单。

月末对工资进行分摊后，将有关凭证传递给审核记账人员进行审核记账处理。工资分摊后产生的人工费用和制造费用是成本计算的重要依据。会计核算岗人员在工资费用分配后取相关费用数据进行成本核算。

（二）任务要领

① 熟悉智能工资系统的功能及应用。
② 了解智能工资系统的工作流程。

三、任务实施

（一）业务流程

启用智能工资系统的操作流程如图5-2所示。

财天下 ➡ 基础设置 ➡ 账套信息 ➡ 启用智能工资

图 5-2 启用智能工资系统的操作流程

（二）任务操作

会计核算岗人员进入财天下，执行"基础设置 | 账套信息 | 启用智能工资"命令，选择启用日期"2021-06"，启用智能工资系统，如图 5-3 所示。然后单击"保存"按钮。

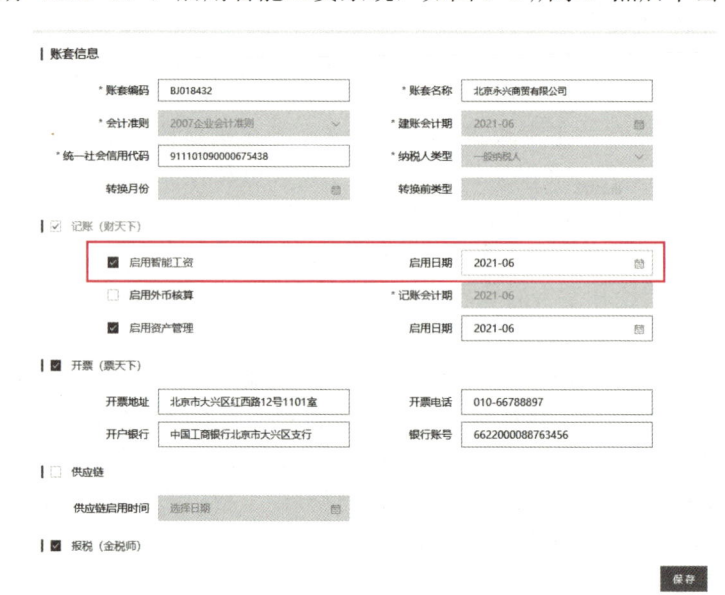

图 5-3 启用智能工资系统

启用智能工资系统

四、任务评价

填写"认知智能工资管理"任务评价表，如表 5-1 所示。

表 5-1 "认知智能工资管理"任务评价表

工作任务清单	完成情况
熟悉《企业会计准则第 9 号——职工薪酬》等相关工资薪金的基本内容	
在财天下中了解并启用智能工资系统	
讲述利用智能工资系统完成工资业务处理的一般流程	

五、任务拓展

思考：何时需要启用智能工资系统？智能工资系统启用的优势有哪些？

任务二　初始设置

一、任务情境

（一）任务场景

北京永兴商贸有限公司现委托北京紫林集团财税共享中心进行工资业务的处理。

（二）任务布置

会计核算岗人员完成以下初始设置任务。

① 设置人员信息。（附导入模板）

员工信息表导入模板

② 设置"五险一金"基础信息，如图5-4所示。

缴纳项目	养老	医疗	失业	工伤	生育	公积金
社保基数	3613	5557	3613	4713	5557	2500
企业缴纳比例	16%	10%	0.8%	0.2%	0.8%	12%

图5-4　"五险一金"基础信息

③ 进行人员基本信息采集。
④ 进行人员专项信息采集。
⑤ 设置核算科目，如图5-5所示。

工资借方科目设置	
部门	科目
总经办/行政部/财务部/采购部/库管部	66020101 工资薪金
销售部	66010101 工资薪金

图5-5　核算科目

二、任务准备

（一）知识准备

智能工资系统的功能主要分为初始设置和业务处理两部分：由系统自动完成每期常规业务处理，通过智能算税计算薪金和社保、住房公积金，同时完成个人所得税纳税申报并生成凭证。

（二）任务要领

① 设置工资的核算规则，注意规则的普遍性和特殊性。
② 科目设置时注意计提工资、"五险一金"部门对应的会计科目。

三、任务实施

（一）业务流程

智能工资系统初始设置的操作流程如图 5-6 所示。

智能工资 ➡ 基础信息设置 ➡ 人员信息设置 ➡ 核算科目设置

图 5-6　智能工资系统初始设置的操作流程

（二）任务操作

1. 设置人员信息

（1）手动新增

会计核算岗人员进入财天下，执行"智能工资 | 人员信息"命令，单击人员信息界面右上角的"新增"按钮，增加人员信息，如图 5-7 所示。

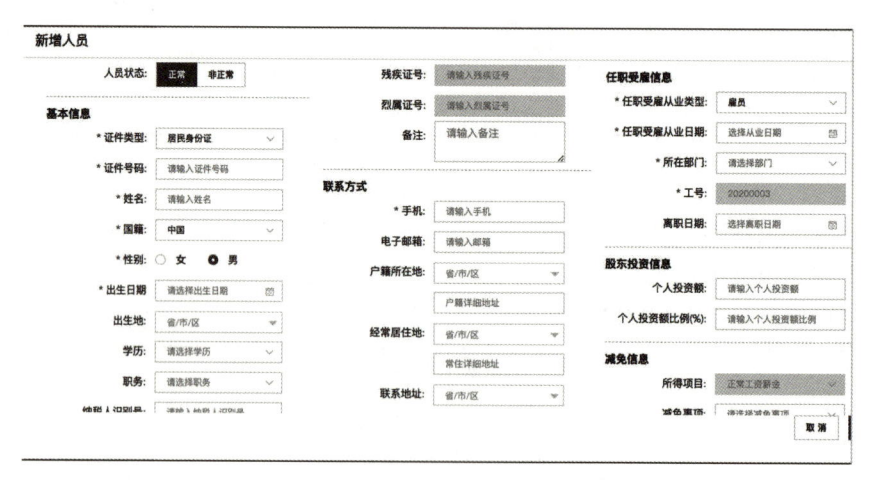

图 5-7　增加人员信息

（2）批量导入

除了手动新增，还可以批量导入人员信息。具体步骤如下：会计核算岗人员进入财

天下，执行"基础设置|辅助核算"命令，打开"辅助核算"页面，进入"人员"选项卡。单击"导入/导出"按钮，选择"本地导入"，选中"员工信息表－永兴商贸"文件。单击"开始上传"，完成员工信息导入，如图5-8所示。然后单击"同步人员"按钮。

图5-8　员工信息导入

设置人员信息

2. 设置社保、公积金信息

会计核算岗人员进入财天下，执行"智能工资|社保公积金"命令，进入"公司承担的社保公积金信息"界面。单击"同步人员"按钮确认本期应计提的人员档案并全选，再单击"批量调整"按钮，输入各项社保、公积金的基数和比例，如图5-9所示。然后单击"确定"按钮。

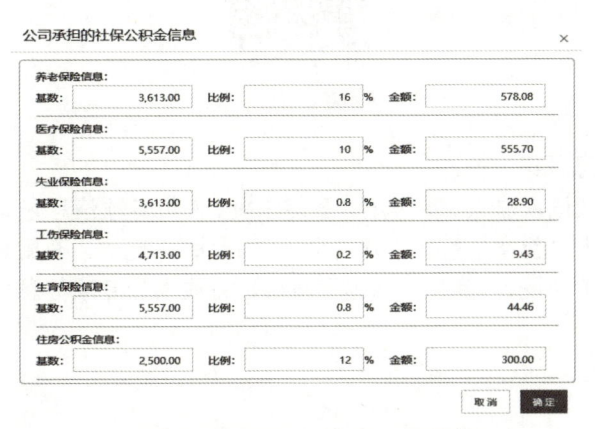

图5-9　公司社保、公积金信息输入

设置社保、公积金信息

3. 人员基本信息采集

会计核算岗人员进入财天下，执行"智能工资 | 人员基本信息采集"命令，打开"人员基本信息采集"界面。单击"同步人员信息"按钮，再单击"当期确认"按钮，完成人员信息的采集，如图 5-10 所示。

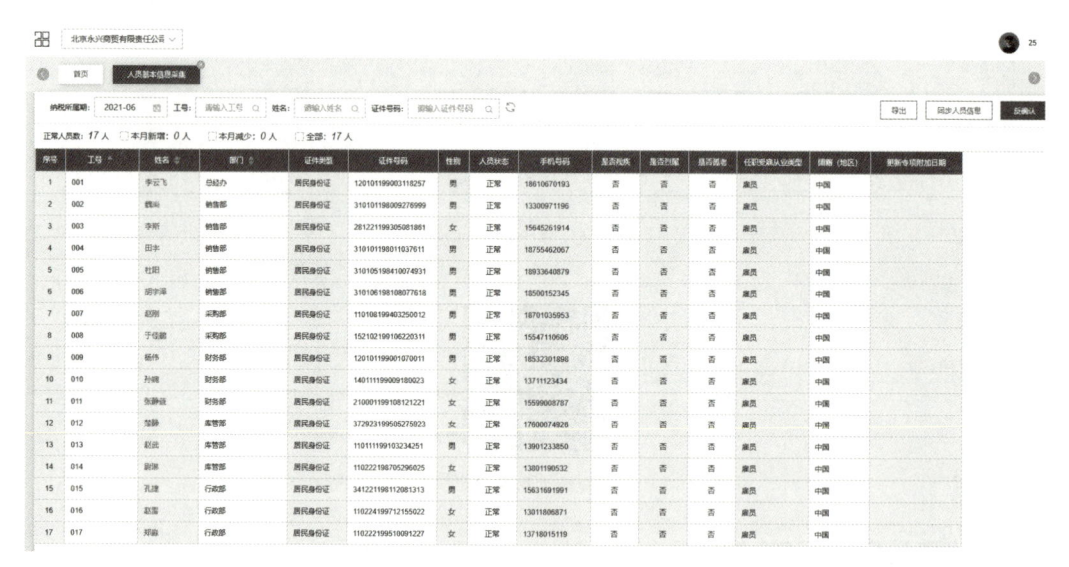

图 5-10　人员基本信息采集

人员基本信息采集

4. 人员专项信息采集

会计核算岗人员进入财天下，执行"智能工资 | 人员专项信息采集"命令，打开"子女教育"界面。单击"新增"按钮，选择职工"杨伟"，选中"有配偶"，并设置配偶与子女信息，如图 5-11 所示。单击"确定"按钮，完成人员专项信息采集。

图 5-11 人员专项信息采集

人员专项信息采集

5. 核算科目设置

（1）计提工资借方科目设置

会计核算岗人员进入财天下，执行"智能工资|科目设置"命令，打开"科目设置"界面，选中销售部的科目66020101，输入"66010101"，完成工资科目设置，如图5-12所示。

部门	科目
总经办	66020101 工资薪金
行政部	66020101 工资薪金
财务部	66020101 工资薪金
销售部	66010101 工资薪金
采购部	66020101 工资薪金
库管部	66020101 工资薪金

图 5-12 工资科目设置

（2）"五险一金"借方科目设置

打开"五险一金借方科目设置"界面，单击"销售部"的操作按钮，弹出"修改五险一金借方科目"界面。单击"养老保险科目"下拉按钮，输入"6601010501"，根据资料修改其他科目，如图5-13所示。单击"保存"按钮，完成销售部"五险一金"借方科目设置。

图 5-13 销售部"五险一金"借方科目设置

修改后,"五险一金"科目设置如图 5-14 所示。

图 5-14 "五险一金"科目设置

设置核算科目

四、任务评价

填写"初始设置"任务评价表,如表 5-2 所示。

表 5-2 "初始设置"任务评价表

工作任务清单	完成情况
掌握智能工资系统人员信息的维护操作	
掌握智能工资系统人员基本信息的维护操作	
掌握智能工资系统日常业务中会计科目的维护操作	

五、任务拓展

思考:探索智能工资系统中根据企业职工薪酬自定义薪酬组成项目的操作。

单元五　智能工资

任务三　智能算税

一、任务情景

（一）任务场景
2021年6月北京永兴商贸有限公司发生日常薪资处理业务。

（二）任务布置
会计核算岗人员完成以下任务。
① 计提工资并计算个税。（附导入模板）

员工工资表导入模板

② 完成个人负担的社会保险费及住房公积金代扣业务处理。
③ 计提公司负担的社会保险费及住房公积金。

二、任务准备

（一）知识准备
① 根据《企业会计准则——职工薪酬》和企业薪资管理制度的相关要求，确定职工薪酬的主要构成项目，按项目明细设计薪酬模板。
② 根据《中华人民共和国个人所得税法》的相关内容，在计算个人所得税的时候，除个人所得之外，还要考虑专项扣除和专项附加扣除。专项扣除包括按照国家规定缴纳的基本养老保险、基本医疗保险、失业保险和住房公积金等；专项附加扣除包括子女教育、继续教育、大病医疗、住房贷款利息或房屋租金、赡养老人等支出。
③ 职工薪酬应根据职工所属的部门或项目组来确定对应的会计科目，如可以直接归属于产品成本的职工薪酬记入"基本生产成本"科目、需要分配计入产品成本的职工薪酬记入"制造费用"科目、管理部门的人员薪酬记入"管理费用"科目、营销人员的薪酬记入"销售费用"科目等。

（二）任务要领
① 根据企业职工薪酬结构计提工资。
② 根据《中华人民共和国个人所得税法》的相关规定，正确核算应缴税额。

③ 自动生成凭证的操作流程。

三、任务实施

（一）业务流程

个税计算及工资凭证生成流程如图 5-15 所示。

智能算税 ➡ 导入工资表 ➡ 税款计算 ➡ 纳税申报 ➡ 生成凭证

图 5-15　个税计算及工资凭证生成流程

（二）任务操作

1. 智能算税

① 会计核算岗人员进入财天下，执行"智能工资|智能算税"命令，进入"工资薪金信息导入"界面。单击"导入"按钮，本地导入选择"员工工资表－永兴商贸"文件。单击"开始上传"按钮，系统弹出"匹配详情"界面，显示匹配人数 17 人，关闭"匹配详情"界面，完成工资薪金信息导入，如图 5-16 所示。

图 5-16　工资薪金信息导入

② 选择"税款计算"界面，单击"点击计算"按钮，出现提示信息。单击"确定"按钮，系统自动完成税款计算，如图 5-17 所示。

③ 执行"智能工资|个人所得税申报表查询"命令，进入"个人所得税申报表查询"界面。单击"申报"按钮，出现提示信息。单击"确定"按钮，完成个人所得税申报表查询，如图 5-18 所示。

单元五　智能工资

图 5-17　税款计算

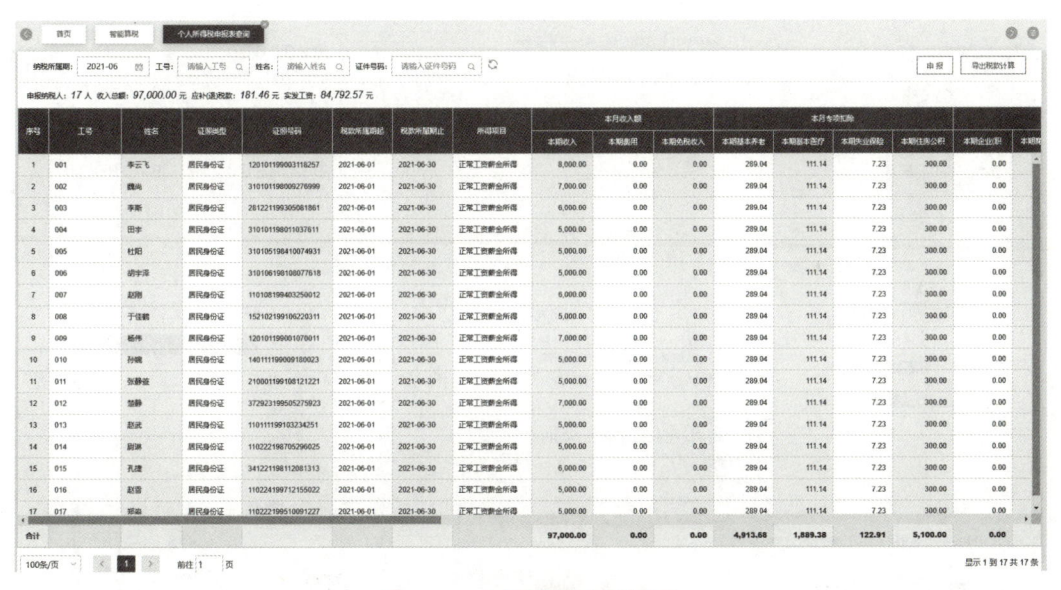

图 5-18　个人所得税申报表查询

智能算税

2. 凭证生成

会计核算岗人员进入财天下，执行"智能工资|凭证生成"命令，进入"凭证生成"界面。在"入账设置"中单击"修改"按钮，将发放工资设置调整为"当月工资当月发放"。单击"保存"按钮，出现提示信息。单击"确定"按钮，完成入账设置，如图 5-19 所示。

单击"生成凭证"按钮，系统将自动生成当月计提工资凭证（见图 5-20）、代扣"三险一金"和个税及发放工资凭证（见图 5-21）、计提"五险一金"凭证（见图 5-22）。

图 5-19　入账设置

序号	摘要	会计科目	借方金额	贷方金额
1	计提6月工资	66010101 销售费用-职工薪酬-工资薪金	2800000	
2	计提6月工资	66020101 管理费用-职工薪酬-工资薪金	6900000	
3	计提6月工资	221101 应付职工薪酬-职工工资		9700000
4				
合计:玖万柒仟元整			9700000	9700000

记字第 0027 号　制单日期 2021-06-30　附单据 0 张

图 5-20　计提工资凭证

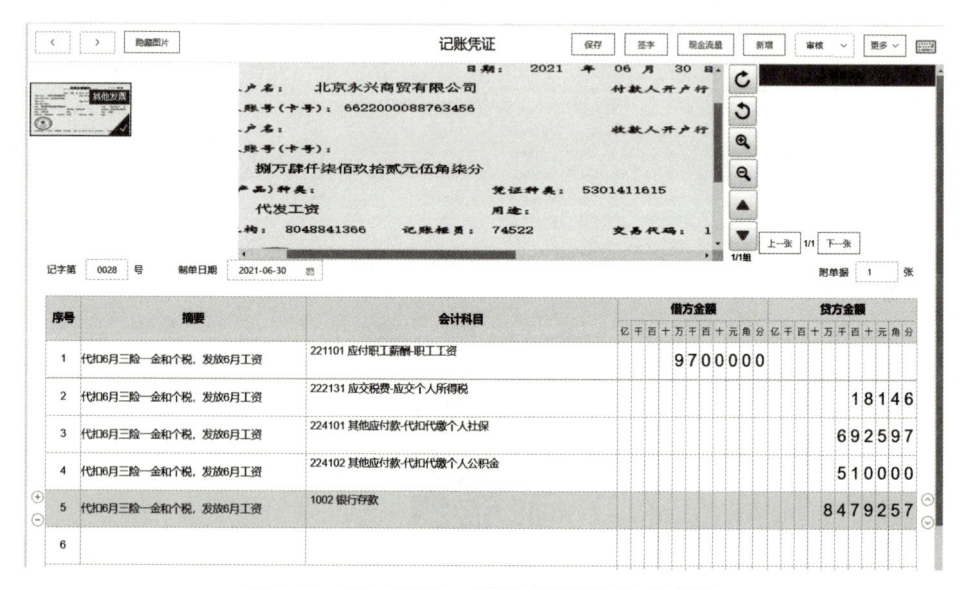

序号	摘要	会计科目	借方金额	贷方金额
1	代扣6月三险一金和个税，发放6月工资	221101 应付职工薪酬-职工工资	9700000	
2	代扣6月三险一金和个税，发放6月工资	222131 应交税费-应交个人所得税		18146
3	代扣6月三险一金和个税，发放6月工资	224101 其他应付款-代扣代缴个人社保		692597
4	代扣6月三险一金和个税，发放6月工资	224102 其他应付款-代扣代缴个人公积金		510000
5	代扣6月三险一金和个税，发放6月工资	1002 银行存款		8479257
6				

记字第 0028 号　制单日期 2021-06-30　附单据 1 张

图 5-21　代扣"三险一金"和个税及发放工资凭证

序号	摘要	会计科目	借方金额	贷方金额
1	计提6月公司承担的五险一金	6601010501 销售费用-职工薪酬-各类基本社会保障性缴款-基本...	2890 40	
2	计提6月公司承担的五险一金	6601010502 销售费用-职工薪酬-各类基本社会保障性缴款-基本...	2778 50	
3	计提6月公司承担的五险一金	6601010503 销售费用-职工薪酬-各类基本社会保障性缴款-失业...	144 50	
4	计提6月公司承担的五险一金	6601010504 销售费用-职工薪酬-各类基本社会保障性缴款-工伤...	47 15	
5	计提6月公司承担的五险一金	6601010505 销售费用-职工薪酬-各类基本社会保障性缴款-生育...	222 30	
6	计提6月公司承担的五险一金	66010106 销售费用-职工薪酬-住房公积金	1500 00	
7	计提6月公司承担的五险一金	6602010501 管理费用-职工薪酬-各类基本社会保障性缴款-基本...	6936 96	
8	计提6月公司承担的五险一金	6602010502 管理费用-职工薪酬-各类基本社会保障性缴款-基本...	6668 40	
9	计提6月公司承担的五险一金	6602010503 管理费用-职工薪酬-各类基本社会保障性缴款-失业...	346 80	
10	计提6月公司承担的五险一金	6602010504 管理费用-职工薪酬-各类基本社会保障性缴款-工伤...	113 16	
11	计提6月公司承担的五险一金	6602010505 管理费用-职工薪酬-各类基本社会保障性缴款-生育...	533 52	
12	计提6月公司承担的五险一金	66020106 管理费用-职工薪酬-住房公积金	3600 00	
13	计提6月公司承担的五险一金	22110301 应付职工薪酬-各类基本社会保障性缴款-基本养老保...		9827 36
14	计提6月公司承担的五险一金	22110303 应付职工薪酬-各类基本社会保障性缴款-基本医疗保...		9446 90
15	计提6月公司承担的五险一金	22110305 应付职工薪酬-各类基本社会保障性缴款-失业保险费		491 30
16	计提6月公司承担的五险一金	22110306 应付职工薪酬-各类基本社会保障性缴款-生育保险费		755 82
17	计提6月公司承担的五险一金	22110307 应付职工薪酬-各类基本社会保障性缴款-工伤保险费		160 31
18	计提6月公司承担的五险一金	221104 应付职工薪酬-住房公积金		5100 00
19				
合计:贰万伍仟柒佰捌拾壹元陆角玖分			25781 69	25781 69

图 5-22 计提"五险一金"凭证

凭证生成

四、任务评价

填写"智能算税"任务评价表，如表 5-3 所示。

表 5-3 "智能算税"任务评价表

工作任务清单	完成情况
掌握智能算税功能中导入员工工资数据的操作	
掌握智能算税功能中计算并申报个税的操作	
掌握智能工资系统中自动生成日常薪酬业务凭证的操作	

五、任务拓展

思考：探索全年一次性奖金的个人所得税如何计算申报。

任务四 账证查询

一、任务情景

（一）任务场景
查询北京永兴商贸有限公司6月智能工资系统中日常薪资业务凭证及期末账表。

（二）任务布置
会计核算岗人员查询部门工资统计。

二、任务准备

（一）知识准备
在完成业务处理后，系统根据业务内容直接生成相应的凭证，主要包括计提工资、代扣"三险一金"和个税及发放工资、计提公司承担的"五险一金"；还可以通过部门工资统计查询详细的工资明细信息。

（二）任务要领
分析各部门的工资变动情况。

三、任务实施

（一）业务流程
工资信息查询的操作流程如图5-23所示。

智能工资 ➡ 部门工资统计 ➡ 选择部门 ➡ 显示设置 ➡ 选中项目

图5-23 工资信息查询的操作流程

（二）任务操作
会计核算岗人员进入财天下，执行"智能工资|部门工资统计"命令，即可查询按部门分类的工资明细，如图5-24所示。

图 5-24　部门工资统计

查询部门工资统计

四、任务评价

填写"账证查询"任务评价表，如表 5-4 所示。

表 5-4　"账证查询"任务评价表

工作任务清单	完成情况
分析生成的记账凭证，并能在实际业务中应用	
通过部门工资统计，分析各部门的工资变动情况	

五、任务拓展

思考：通过部门工资统计，可分析各部门的工资变动情况，人工成本、费用占比情况。通过历史数据分析企业人工成本的走势，评价薪资结构的合理性。

单元六

期末业务处理

↘ 思政目标
1. 培养学生热爱会计工作，以及忠于职守、尽心尽力、尽职尽责的敬业精神。
2. 培养学生严肃认真、严谨细致的工作作风。
3. 培养学生不怕苦、不怕累、热爱劳动的品质。

↘ 知识目标
1. 掌握期末业务处理的基本知识。
2. 掌握系统月末结账的要点。

↘ 技能目标
1. 能够进行期末自定义转账设置与制单。
2. 能够进行期末期间损益结转。
3. 能够进行账簿和财务报表的查询。

任务一　月末结转

一、任务情境

（一）任务场景
已完成北京永兴商贸有限公司初始设置和日常业务的处理，进入月末业务处理阶段，现进行月末结转工作。

（二）任务布置
会计核算岗人员为北京永兴商贸有限公司选择月末预制方案，进行月末结转。

二、任务准备

(一)知识准备

会计期末结转业务主要包括以下方面。

1. 期末损益结转

为了计算利润,要把当期的销售收入、销售成本、其他业务收入、其他业务成本、营业外收入、营业外支出、所得税费用、税金及附加、期间费用(管理费用、销售费用、财务费用)等科目的发生额都结转到"本年利润"科目,结转后损益类科目余额为0。

2. 年末本年利润结转

将"本年利润"科目结转至"利润分配——未分配利润"科目,结转后本年利润余额为0。

3. 提取盈余公积

如果有未弥补的亏损,则本年实现的净利润应先补亏,后提盈余公积;如果没有未弥补亏损,则以本年实现的净利润为基数提取盈余公积。盈余公积分为法定盈余公积和任意盈余公积,应在当年年底提取法定盈余公积;按股东大会决议提取任意盈余公积。

有限责任公司和股份制公司应按照净利润的10%提取法定盈余公积,计提的法定盈余公积达到注册资本的50%时,可以不再提取;公司经股东大会或类似机构批准按照自行规定的比例提取任意盈余公积,也可以不提。

4. 分配股利/利润

根据股东大会、董事会的决议进行分配股利、利润的账务处理。

5. 利润分配内部明细科目结转

将利润分配下的其他明细科目结转入"未分配利润"明细科目,结转后其他明细科目无余额。

(二)任务要领

① 月末结转先计算再生成凭证,才能计算生成下一笔转账业务,否则取数会出现错误。

② 熟悉月末结转自定义公式。

三、任务实施

(一)业务流程

月末结转的业务流程如图6-1所示。

结转未交增值税 ➡ 计提税金及附加 ➡ 结转销售成本 ➡ 计提所得税 ➡ 结转损益 ➡ 结转本年利润

图6-1 月末结转的业务流程

（二）任务操作

1. 结转未交增值税

（1）复核"结转未交增值税"方案

会计核算岗人员进入财天下，执行"月末结账|月末结转"命令，复核"结转未交增值税"方案，检查借贷方科目和金额公式等，检查完毕单击"保存"按钮。

（2）生成凭证

会计核算岗人员执行"计算|生成凭证"命令，生成结转未交增值税凭证，如图6-2所示。

图 6-2　结转未交增值税凭证

（3）重新计算

如果取数错误，那么可以单击"重新计算"按钮，重新生成凭证。

结转未交增值税

2. 计提税金及附加

（1）复核"计提税金及附加"方案

会计核算岗人员进入财天下，执行"月末结账|月末结转"命令，复核"计提税金及附加"方案，检查借贷方科目和金额公式等，检查完毕单击"保存"按钮。

（2）生成凭证

会计核算岗人员执行"计算|生成凭证"命令，生成计提税金及附加凭证，如图6-3所示。

图 6-3　计提税金及附加凭证

计提税金及附加

3. 结转销售成本

（1）选择结转方式

会计核算岗人员进入财天下，执行"月末结账 | 月末结转"命令，确认结转销售成本方案，选择"按明细结转"，如图 6-4 所示。然后单击"保存"按钮，结转销售成本。

图 6-4　选择结转销售成本方案

（2）生成凭证

会计核算岗人员执行"计算 | 生成凭证"命令，生成结转销售成本凭证，如图 6-5 所示。

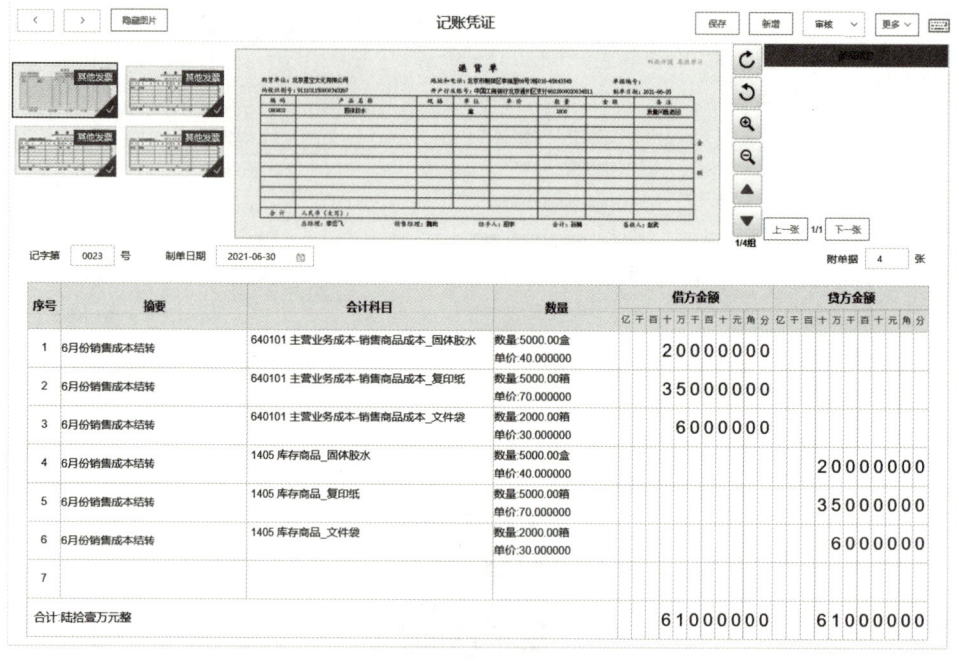

图 6-5 结转销售成本凭证

结转销售成本

4. 损益结转

（1）选择损益结转

会计核算岗人员进入财天下，执行"月末结账|月末结转"命令，选择损益结转，执行"计算|生成凭证"命令。出现提示信息，单击"确定"按钮。

（2）重新计算

如果后续业务涉及损益类科目，则可以单击"重新计算"按钮，重新生成凭证并覆盖原损益凭证。

损益结转

5. 计提所得税

（1）定义"计提所得税"结转方案

会计核算岗人员进入财天下，执行"月末结账|月末结转"命令，单击"自定义结转方案"，增加自定义结转方案。输入结转方案名称、摘要、借贷方科目并设置计提所得税费用公式，如图6-6所示。然后单击"保存"按钮。

操作	摘要	凭证科目	方向	公式			
				取数来源科目	取值类型	期间	百分比%
	计提所得税	6801 所得税费用	借	4103 本年利润	贷方余额	本期	5.00
	计提所得税	222124 应交税费-应交所得	贷		自动平衡		

图6-6 计提所得税费用

（2）生成凭证

会计核算岗人员执行"计算|生成凭证"命令，出现提示信息。单击"确定"按钮，生成计提所得税凭证，如图6-7所示。

记字第 0026 号   制单日期 2021-06-30   附单据 0 张

序号	摘要	会计科目	借方金额	贷方金额
1	计提所得税	6801 所得税费用	31351.83	
2	计提所得税	222124 应交税费-应交所得税		31351.83
3				
4				
合计:叁万壹仟叁佰伍拾壹元捌角叁分			31351.83	31351.83

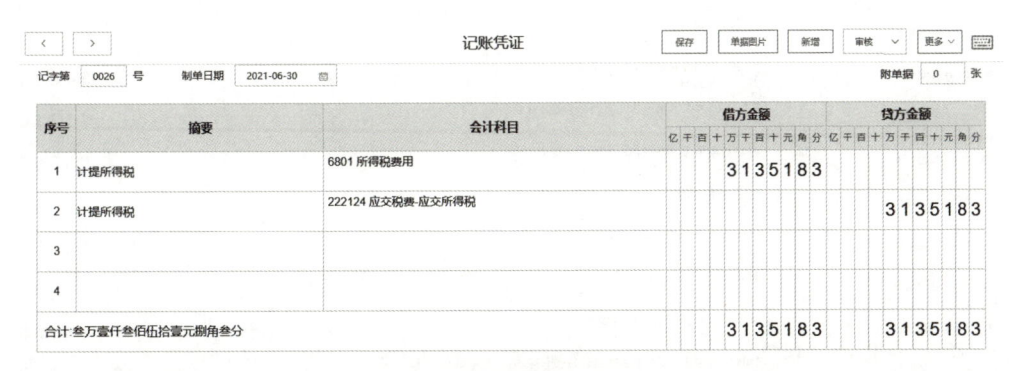

图6-7 计提所得税凭证

计提所得税

6. 结转损益

会计核算岗人员进入财天下，执行"月末结账|月末结转"命令，进行重新损益结转。重新计算，生成结转损益凭证——收入类（见图6-8）、成本类（见图6-9）。

智能会计信息系统应用

				记账凭证		保存 单据图片 新增 审核 更多	
记字第 0027 号 制单日期 2021-06-30						附单据 0 张	

序号	摘要	会计科目	数量	借方金额 亿千百十万千百十元角分	贷方金额 亿千百十万千百十元角分
1	6月份损益结转	4103 本年利润		78777674	
2	6月份损益结转	660206 管理费用-资产折旧摊销费			765863
3	6月份损益结转	660107 销售费用-资产折旧摊销费			300799
4	6月份损益结转	660210 管理费用-租赁费			800000
5	6月份损益结转	660112 销售费用-差旅费			294231
6	6月份损益结转	66010101 销售费用-职工薪酬-工资薪金			2800000
7	6月份损益结转	66020101 管理费用-职工薪酬-工资薪金			6900000
8	6月份损益结转	6601010501 销售费用-职工薪酬-各类基本社会…			289040
9	6月份损益结转	6601010502 销售费用-职工薪酬-各类基本社会…			277850
10	6月份损益结转	6601010503 销售费用-职工薪酬-各类基本社会…			14450
11	6月份损益结转	6601010504 销售费用-职工薪酬-各类基本社会…			4715
12	6月份损益结转	6601010505 销售费用-职工薪酬-各类基本社会…			22230
13	6月份损益结转	66010106 销售费用-职工薪酬-住房公积金			150000
14	6月份损益结转	6602010501 管理费用-职工薪酬-各类基本社会…			693696
15	6月份损益结转	6602010502 管理费用-职工薪酬-各类基本社会…			666840
16	6月份损益结转	6602010503 管理费用-职工薪酬-各类基本社会…			34680
17	6月份损益结转	6602010504 管理费用-职工薪酬-各类基本社会…			11316
18	6月份损益结转	6602010505 管理费用-职工薪酬-各类基本社会…			53352
19	6月份损益结转	66020106 管理费用-职工薪酬-住房公积金			360000
20	6月份损益结转	640303 税金及附加-城市建设维护税			118667
21	6月份损益结转	640304 税金及附加-教育费附加			50857
22	6月份损益结转	640307 税金及附加-地方教育附加			33905
23	6月份损益结转	640101 主营业务成本-销售商品成本_固体胶水	数量:5000.00盒 单价:40.000000		20000000
24	6月份损益结转	640101 主营业务成本-销售商品成本_复印纸	数量:5000.00箱 单价:70.000000		35000000
25	6月份损益结转	640101 主营业务成本-销售商品成本_文件袋	数量:2000.00箱 单价:30.000000		6000000
26	6月份损益结转	6801 所得税费用			3135183
27					
合计 柒拾捌万柒仟柒佰柒拾陆元柒角肆分				78777674	78777674

制单人: 谢真瑾 审核人: 出纳: 最后修改时间: 2021-11-17 20:05:15

图 6-8 结转损益凭证——收入类

单元六 期末业务处理

序号	摘要	会计科目	数量	借方金额	贷方金额
1	6月份损益结转	600101 主营业务收入-销售商品收入_固体胶水	数量:5000.00盒 单价:55.000000	27500000	
2	6月份损益结转	600101 主营业务收入-销售商品收入_复印纸	数量:5000.00箱 单价:95.000000	47500000	
3	6月份损益结转	600101 主营业务收入-销售商品收入_文件袋	数量:2000.00箱 单价:45.000000	9000000	
4	6月份损益结转	6115 资产处置损益		129675	
5	6月份损益结转	4103 本年利润			83870325
6					
合计 捌拾叁万捌仟柒佰零叁元贰角伍分				83870325	83870325

图 6-9　结转损益凭证——成本类

重新结转损益

7. 结转本年利润

（1）自定义"结转本年利润"方案

会计核算岗人员进入财天下，执行"月末结账|月末结转"命令，单击"自定义结转方案"，增加自定义结转方案。输入结转方案名称、摘要、借贷方科目并设置公式，如图 6-10 所示。单击"保存"按钮，结转本年利润。

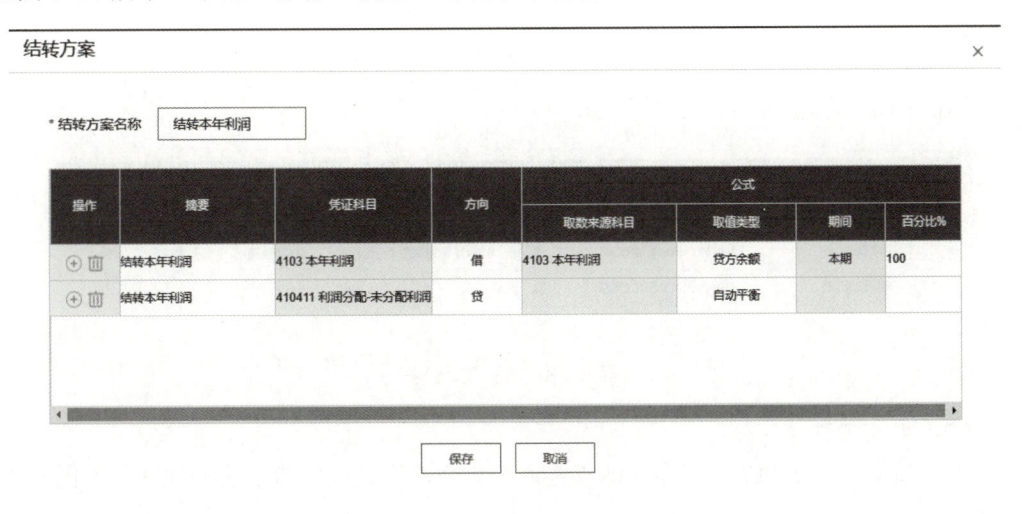

操作	摘要	凭证科目	方向	公式			
				取数来源科目	取值类型	期间	百分比%
	结转本年利润	4103 本年利润	借	4103 本年利润	贷方余额	本期	100
	结转本年利润	410411 利润分配-未分配利润	贷		自动平衡		

图 6-10　结转本年利润

（2）生成凭证

会计核算岗人员执行"计算|生成凭证"命令，生成结转本年利润凭证，如图 6-11

所示。

序号	摘要	会计科目	借方金额	贷方金额
1	结转本年利润	4103 本年利润	59568473	
2	结转本年利润	410411 利润分配-未分配利润		59568473
3				
4				
合计 伍拾玖万伍仟陆佰捌拾肆元柒角叁分			59568473	59568473

图 6-11 结转本年利润凭证

结转本年利润

8. 提取盈余公积

（1）自定义"提取盈余公积"方案

会计核算岗人员进入财天下，执行"月末结账|月末结转"命令，单击"自定义结转方案"，增加自定义结转方案。输入结转方案名称、摘要、借贷方科目并设置公式，如图 6-12 所示。单击"保存"按钮，提取盈余公积。

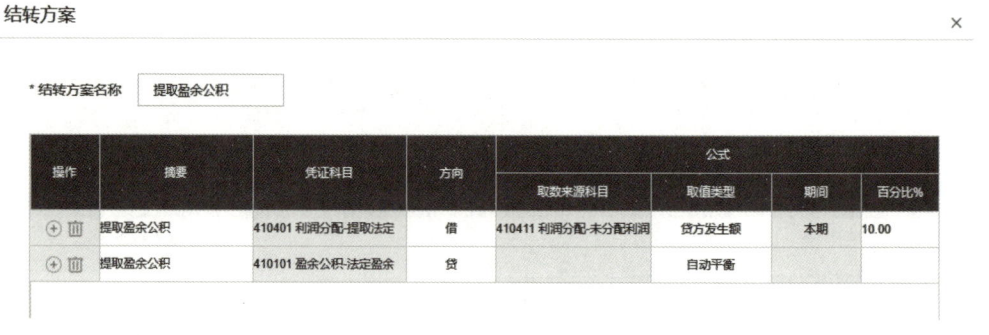

结转方案

结转方案名称：提取盈余公积

操作	摘要	凭证科目	方向	公式			
				取数来源科目	取值类型	期间	百分比%
	提取盈余公积	410401 利润分配-提取法定	借	410411 利润分配-未分配利润	贷方发生额	本期	10.00
	提取盈余公积	410101 盈余公积-法定盈余	贷		自动平衡		

图 6-12 提取盈余公积

（2）生成凭证

会计核算岗人员执行"计算|生成凭证"命令，生成提取盈余公积凭证，如图 6-13 所示。

单元六 期末业务处理

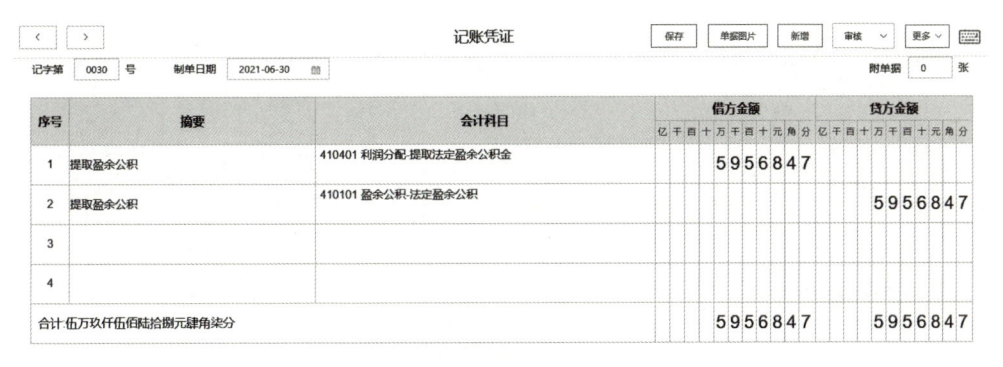

序号	摘要	会计科目	借方金额	贷方金额
1	提取盈余公积	410401 利润分配-提取法定盈余公积金	5956847	
2	提取盈余公积	410101 盈余公积-法定盈余公积		5956847
3				
4				
合计	伍万玖仟伍佰陆拾捌元肆角柒分		5956847	5956847

图 6-13　提取盈余公积凭证

提取盈余公积

9. 结转利润分配

（1）自定义"结转利润分配"方案

会计核算岗人员进入财天下，执行"月末结账|月末结转"命令，单击"自定义结转方案"，增加自定义结转方案。输入结转方案名称、摘要、借贷方科目及金额函数公式，如图 6-14 所示。单击"保存"按钮，结转利润分配。

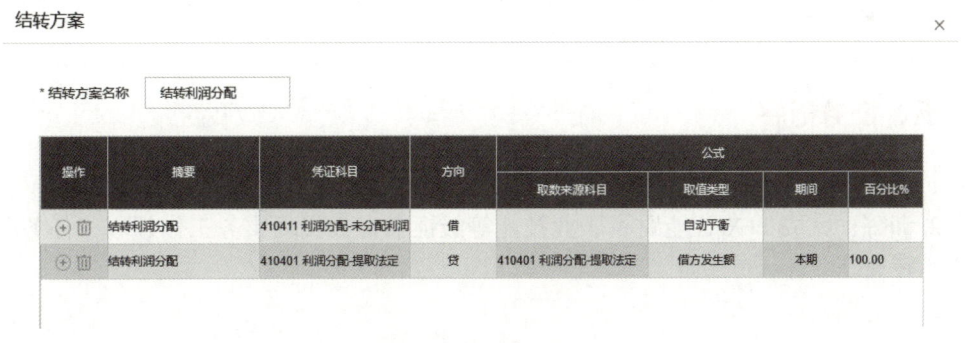

结转方案

*结转方案名称：结转利润分配

操作	摘要	凭证科目	方向	公式			
				取数来源科目	取值类型	期间	百分比%
	结转利润分配	410411 利润分配-未分配利润	借		自动平衡		
	结转利润分配	410401 利润分配-提取法定	贷	410401 利润分配-提取法定	借方发生额	本期	100.00

图 6-14　结转利润分配

（2）生成凭证

会计核算岗人员执行"计算|生成凭证"命令，生成结转利润分配凭证，如图 6-15 所示。

图 6-15　结转利润分配凭证

结转利润分配

四、任务评价

填写"月末结转"任务评价表，如表 6-1 所示。

表 6-1　"月末结转"任务评价表

工作任务清单	完成情况
掌握自定义结转方案的公式设置	
掌握月末结转生成凭证的先后顺序	

五、任务拓展

1. **思考**：分析还有哪些业务可以使用期末处理？

2. **训练**：完成 1+X 智能财税职业技能等级证书初级代理实务工作领域三任务一的月末结转训练。

任务二　月末结账

一、任务情境

（一）任务场景

完成北京永兴商贸有限公司月末业务处理并进行月末结账。

单元六　期末业务处理

（二）任务布置

①管家复核岗人员审核2021年6月凭证，并查询各类账簿。
②管家复核岗人员审核2021年6月的财务报表。
③管家复核岗人员对2021年6月账务进行月末结账。

二、任务准备

（一）知识准备

结账需要结清各种损益类账户，并据以计算确定本年利润；结出各资产、负债和所有者权益账户的本期发生额合计与期末余额。

企业在一定时期结束（如月末、季末或年末）时，为了编制财务报表，需要进行结账，具体包括月结、季结和年结。

（二）任务要领

①核查月末结转凭证是否全部结转完毕。
②查询会计账簿，生成财务报表。

三、任务实施

（一）业务流程

结账的业务流程如图6-16所示。

审核凭证 ➡ 查询账表 ➡ 审核财务报表 ➡ 月末结账

图6-16　结账的业务流程

（二）任务操作

1. 审核记账凭证

管家复核岗人员进入财天下，审核记账凭证，执行"凭证|凭证管理"命令，单击"凭证"进入凭证页面。查验记账凭证没有问题后，单击"审核"按钮，进行记账凭证的审核。

2. 查询账簿明细及科目余额表

（1）查询科目明细账

会计核算岗人员进入财天下，切换财务核算主体为北京永兴商贸有限公司，执行"账簿|科目明细账"命令，选择需要查询账簿的所属期间，查询科目明细账，如图6-17所示。

（2）查询发生额及余额表

会计核算岗人员执行"账簿|发生额及余额表"命令，选择需要查询账簿的所属期间，查询发生额及余额表，如图6-18所示。

智能会计信息系统应用

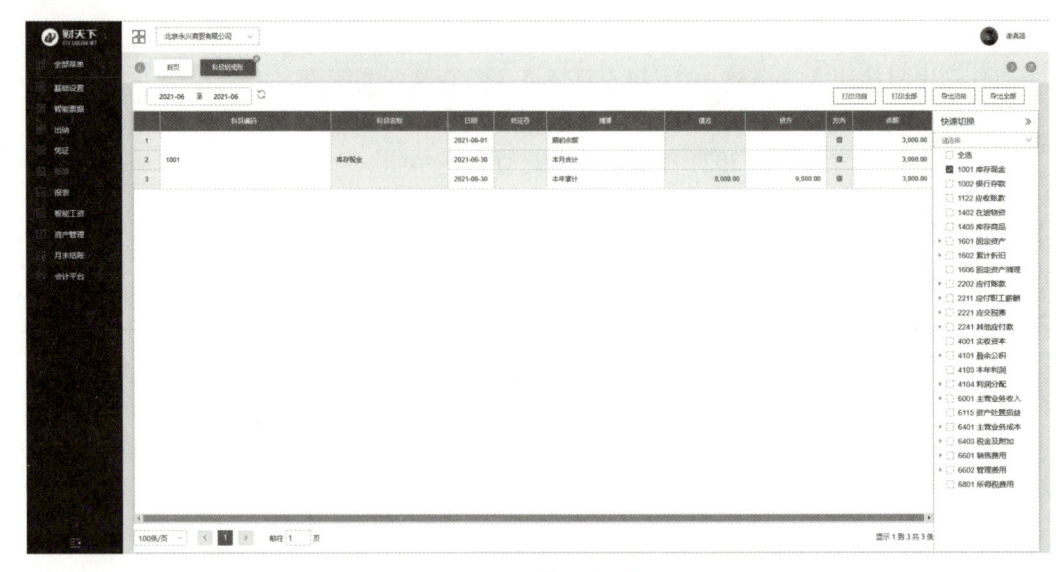

图 6-17　科目明细账

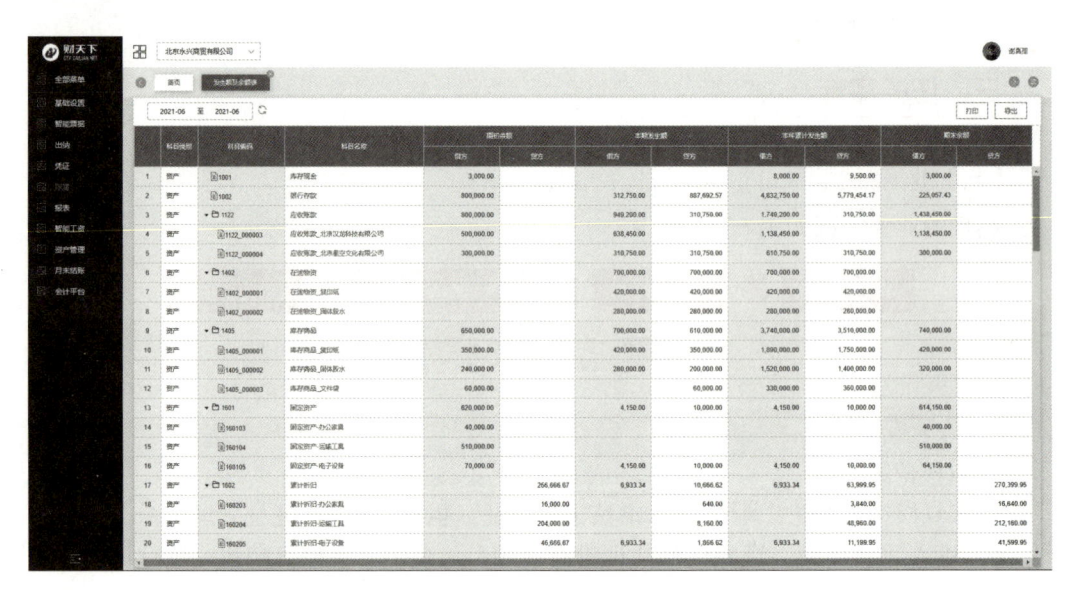

图 6-18　发生额及余额表

3. 审核生成的财务报表

（1）审核资产负债表

管家复核岗人员进入财天下，或者切换财务核算主体为北京永兴商贸有限公司，执

行"报表|财务报表|资产负债表"命令,选择资产负债表所属的会计期间,查询资产负债表,如图6-19所示。确认无误后,单击"审核"按钮。

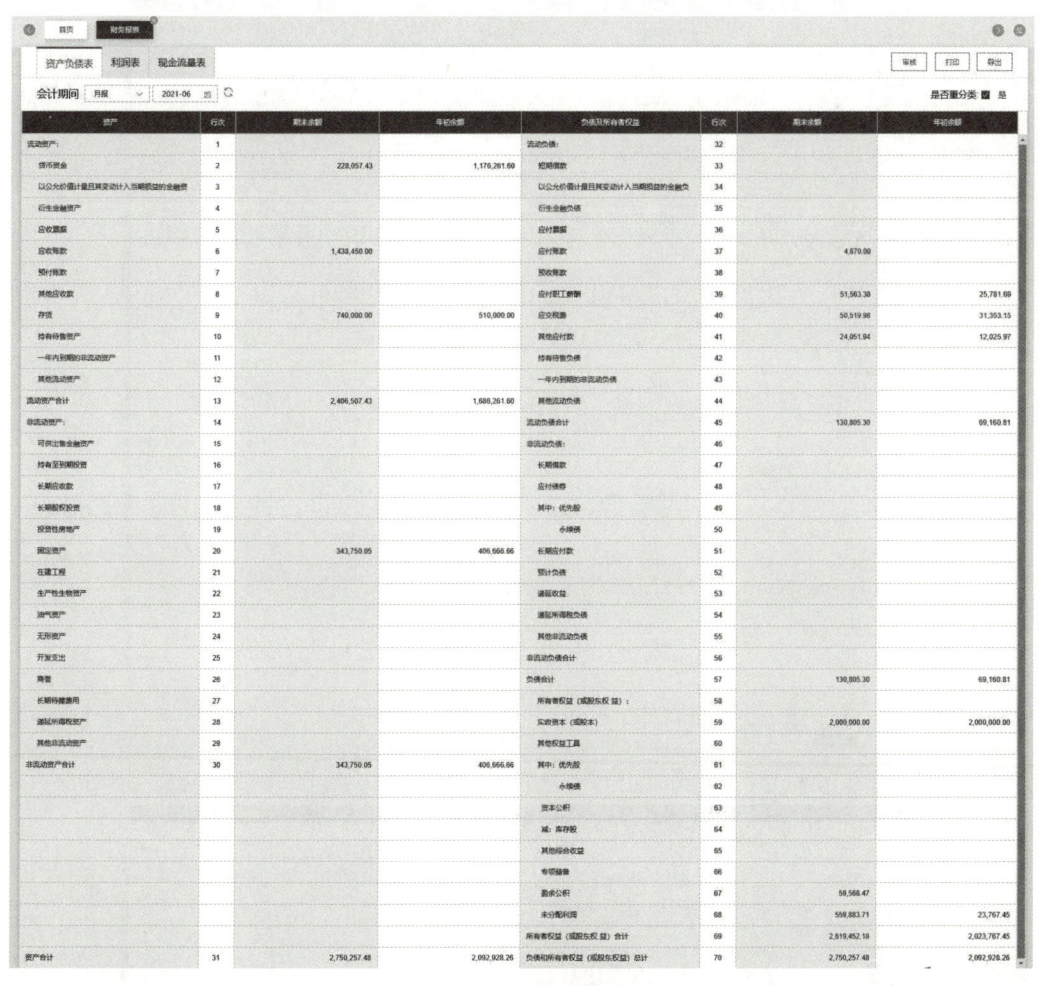

图6-19 资产负债表

(2)审核利润表

管家复核岗人员进入财天下,执行"报表|财务报表|利润表"命令,选择利润表所属的会计期间,查询利润表,如图6-20所示。确认无误后,单击"审核"按钮。

(3)审核现金流量表

管家复核岗人员进入财天下,执行"报表|财务报表|现金流量表"命令,选择利润表所属的会计期间,查询现金流量表,如图6-21所示。确认无误后,单击"审核"按钮。

图 6-20　利润表

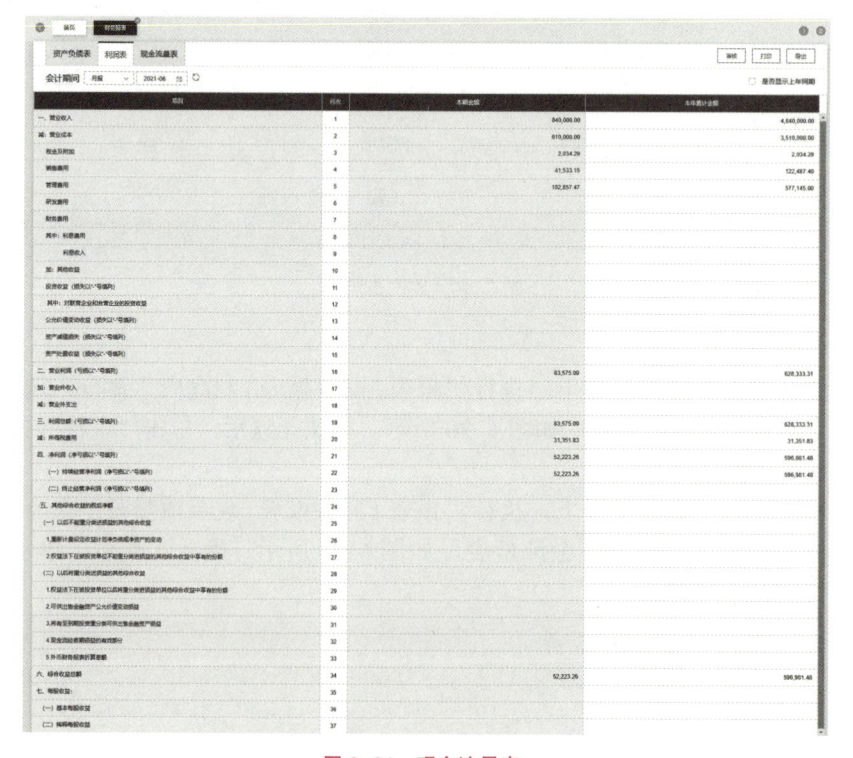

图 6-21　现金流量表

4. 月末结账

管家复核岗人员进入财天下，执行"月末结账｜月末结账"命令，单击"月末检查结账"。在检查项目通过后，系统便自动过渡到 2021 年 7 月，完成月末结账操作，如图 6-22 所示。

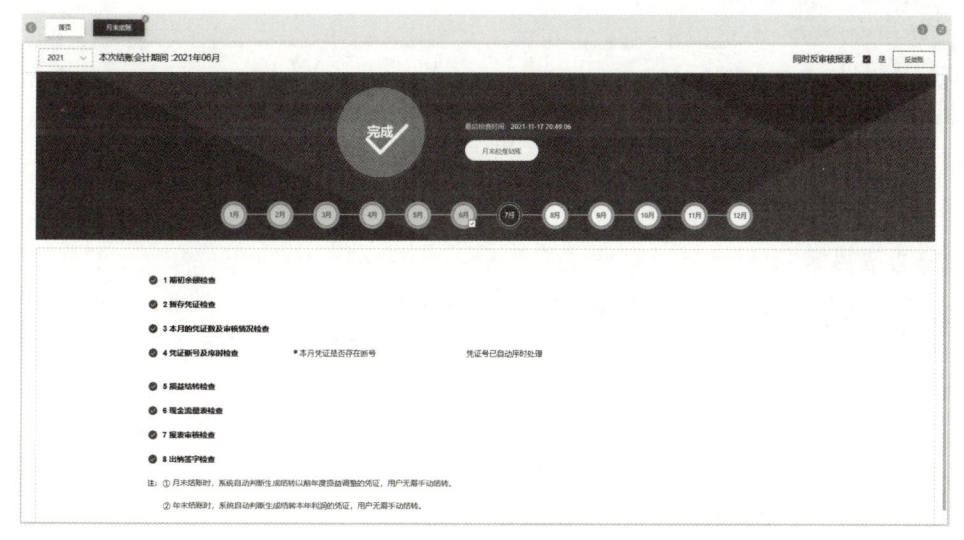

图 6-22　月末结账

月末结账

四、任务评价

填写"月末结账"任务评价表，如表 6-2 所示。

表 6-2　"月末结账"任务评价表

工作任务清单	完成情况
熟悉账表之间的查询和核对	
熟悉财务报表的结构、内容及相互之间的钩稽关系	

五、任务拓展

1. **思考**：月末结账完成之后发现记账凭证有误，应该怎么修改？
2. **训练**：完成 1+X 智能财税职业技能等级证书初级代理实务工作领域三任务一的月末结账训练。

单元七 纳税申报

↘ 思政目标
1. 培养学生熟悉相关财税法规，严格进行会计核算，实施会计监督。
2. 培养学生提高专业技能的自觉性和紧迫感，使他们勤学苦练，不断提高业务水平。
3. 培养学生端正态度，依法办事，实事求是，不偏不倚，保持客观公正。

↘ 知识目标
1. 掌握我国现行税法的相关知识。
2. 掌握报表数据与凭证数据的核对。
3. 掌握纳税申报流程。

↘ 技能目标
1. 能够完成资产负债表、利润表、现金流量表的审核。
2. 能够完成增值税纳税申报表，城市维护建设税、教育费附加、地方教育费附加纳税申报表，企业所得税预缴纳税申报表的编制及审核。
3. 能够进行增值税、城市维护建设税、教育费附加、地方教育费附加、企业所得税预缴纳税申报。

一、任务情境

（一）任务场景

北京永兴商贸有限公司为增值税一般纳税人，增值税税率为13%；按当期应缴增值税的7%计算城市维护建设税、3%计算教育费附加和2%计算地方教育费附加；企业所得税的税率为25%。现委托北京紫林集团财税共享中心进行纳税申报处理。

（二）任务布置

① 涉税服务岗编制增值税、城市维护建设税、教育费附加、地方教育费附加和企业所得税季度预缴等纳税申报表。

② 管家复核岗审核财务报表、增值税、城市维护建设税、教育费附加、地方教育费附加和企业所得税季度预缴等纳税申报表。

二、任务准备

（一）知识准备

1. 金税师平台功能

报表及纳税处理是整个会计账务处理的最后环节。因此，在前述业务数据完全正确的情况下报表及税务数据才可能正确。申报表的数据既可以根据凭证取数，也可以通过导入增值税和报表数据取数。在金税师中进行纳税申报前要对纳税申报表进行审核和确认。金税师的功能如图7-1所示。

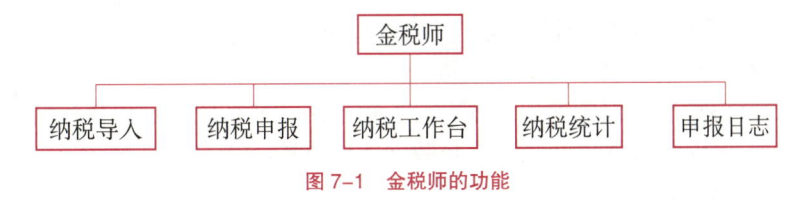

```
                    金税师
        ┌─────┬─────┼─────┬─────┐
      纳税导入 纳税申报 纳税工作台 纳税统计 申报日志
```

图7-1 金税师的功能

2. 财务报表审核申报

财务报表是在日常会计核算资料的基础上，按照规定的格式、内容和方法定期编制，综合反映某一特定日期财务状况和某一特定时期的经营成果、现金流量情况的书面文件。申报纳税前，需要审核本期财务报表，主要包括资产负债表、利润表、现金流量表等。

金税师中的财务报表会与财天下中的报表同步更新。

3. 纳税申报表的编制

纳税人必须依照法律、行政法规的规定或税务机关依照法律、行政法规的规定确定的申报期限、申报内容如实办理纳税申报，报送财务报表、纳税申报表，以及税务机关根据实际需要要求纳税人报送的其他纳税资料。扣缴义务人必须依照法律、行政法规的规定或税务机关依照法律、行政法规的规定确定的申报期限、申报内容如实报送代扣代缴、代收代缴税款报告表，以及税务机关根据实际需要要求扣缴义务人报送的其他有关资料。

增值税和企业所得税的纳税申报表均由主表及附表构成。

在金税师中，纳税申报表的格式由系统提供，可以进行微调，申报表的数据既可以根据财天下和票天下中的相关数据生成，也可以采用导入外部数据的形式生成。

4. 纳税申报表的审核

（1）增值税申报的审核

对增值税纳税申报的审核主要需要关注以下方面。

① 获取或编制应缴增值税明细表，加计复核其正确性，并与明细账核对相符。

② 将应缴增值税明细表与企业明细账及总账进行核对，比较两者是否总体相符，并分析其差额产生的原因。

③ 通过"原材料"等相关科目匡算进项税是否合理。

④ 抽查一定期间的进项税抵扣汇总表，与应缴增值税明细表相关数额合计数核对，如有差异，查明原因并做适当处理。

⑤ 抽查重要进项税发票、海关完税凭证、收购凭证或运费发票，与网上申报系

智能会计信息系统应用

统进行核对，并注意进口货物、购进的免税农产品或废旧物资、支付运费、接受投资或捐赠、接受应税劳务等应计的进项税额是否按规定进行了会计处理；因存货改变用途或发生非常损失应计的进项税额转出数的计算是否正确，是否按规定进行了会计处理。

⑥ 根据与增值税销项税额相关账户审定的有关数据复核存货销售，或者将存货用于投资、无偿馈赠他人、分配给股东（或投资者）应计的销项税额及将自产、委托加工的产品用于非应税项目的计税依据确定是否正确，以及应计的销项税额是否计算正确，是否按规定进行了会计处理。

⑦ 检查适用税率是否符合税法规定。

⑧ 抽查本期已缴增值税资料，确定已缴款数的正确性。

（2）企业所得税季度预缴申报的审核

在对企业所得税季度预缴纳税申报表进行审核时，要按照企业内控的要求进行数据准确性的复核，确保账务处理和纳税申报数据的一致性。

5. 纳税申报及缴税

纳税申报是指纳税人、扣缴义务人在发生法定纳税义务后，按照税法或税务机关相关行政法规所规定的内容，以书面形式在申报期限内向主管税务机关提交有关纳税事项及应缴税款的法律行为。

依据《中华人民共和国税收征管法》的规定，纳税人应在规定的纳税申报期限内申报纳税。

纳税申报的方式是指纳税人和扣缴义务人在发生纳税义务及代扣代缴、代收代缴义务后，在其申报期限内，依照税收法律、行政法规的规定到指定税务机关进行申报纳税的形式。申报方式主要包括上门申报和网上申报两种。金税师采用网上申报方式，纳税人在法定的期限内利用金税师通过互联网登录税务部门电子申报网站，输入当月应申报数据，审核无误后，由银行自动从纳税人税款专用账户划转应纳税款。

（二）任务要领

① 注意选择申报日期。

② 熟悉金税师的功能，了解各项功能与财天下的数据传递关系。

三、任务实施

（一）业务流程

纳税申报的操作流程如图7-2所示。

财务报表审核 ➡ 申报表编制 ➡ 申报表审核 ➡ 纳税申报

图7-2 纳税申报的操作流程

单元七 纳税申报

（二）任务操作

1. 纳税工作台设置

① 涉税服务岗人员进入金税师，单击"纳税申报"，申报日期选择"2021-07"，纳税工作台列表如图 7-3 所示。

图 7-3 纳税工作台列表

② 单击"北京永兴商贸有限公司"，进入"基本信息"界面，选择"税务信息"，选择城建税"7%"、所得税征收方式"查账征收"，中华人民共和国企业所得税月（季）度预缴纳税申报表（A类）修改申报周期为"月"，企业会计准则（一般企业）月（季）财务报表修改申报周期为"月"，其他采用默认值，如图 7-4 所示。单击"保存"按钮，返回纳税工作台列表。

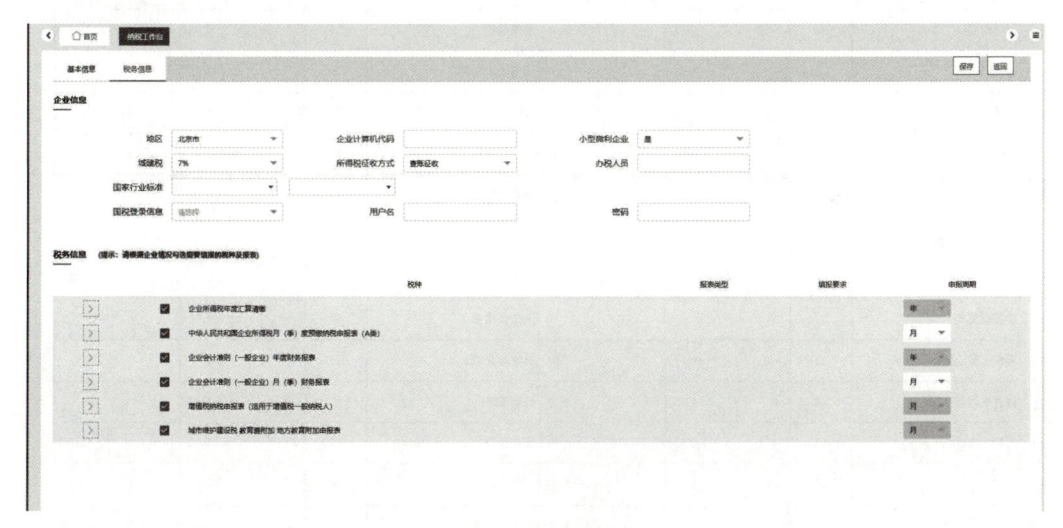

图 7-4 税务信息

企业税务信息

2. 财务报表审核

管家复核岗人员进入金税师,单击"纳税申报",申报日期选择"2021-07"。单击"企业会计准则(一般企业)月(季)财务报表",对资产负债表(见图7-5)、利润表(见图7-6)进行各项信息的检查,确认无误后单击"保存"按钮。执行"审核|通过"命令,完成审核。如果审核后发现有错误,则执行"审核|反审核"命令,完成反审核后进行修改。

资产	行次	期末余额	上年年末余额	负债和所有者权益(或股东权益)	行次	期末余额	上年年末余额
流动资产:				**流动负债:**			
货币资金	1	228057.43	1176261.60	短期借款	30	0.00	0.00
以公允价值计量且其变动计入当期损益的金融资产	2	0.00	0.00	以公允价值计量且其变动计入当期损益的金融负债	31	0.00	0.00
衍生金融资产	3	0.00	0.00	衍生金融负债	32	0.00	0.00
应收票据	4	0.00	0.00	应付票据	33	0.00	0.00
应收账款	5	1438450.00	0.00	应付账款	34	4670.00	0.00
预付款项	6			预收款项	35		
其他应收款	7	0.00	0.00	应付职工薪酬	36	51563.38	25781.69
存货	8	740000.00	510000.00	应交税费	37	50519.98	31353.15
持有待售资产	9	0.00	0.00	其他应付款	38	24031.94	12025.97
一年内到期的非流动资产	10			持有待售负债	39		
其他流动资产	11	0.00	0.00	一年内到期的非流动负债	40	0.00	0.00
流动资产合计	12	2406507.43	1686261.60	其他流动负债	41	0.00	0.00
非流动资产:				流动负债合计	42	130805.30	69160.81
可供出售金融资产	13	0.00	0.00	**非流动负债:**			
持有至到期投资	14	0.00	0.00	长期借款	43	0.00	0.00
长期应收款	15	0.00	0.00	应付债券	44		
长期股权投资	16	0.00	0.00	其中:优先股	45	0.00	0.00
投资性房地产	17	0.00	0.00	永续债	46		
固定资产	18	343750.05	406666.66	长期应付款	47	0.00	0.00

图7-5 资产负债表

单元七　纳税申报

未提交　申报日期 2021年07月　北京永兴商贸有限公司　企业会计准则（一般企）

利润表（适用未执行新金融准则、新收入准则和新租赁准则的一般企业）

会企02表　　　　　　　　　　　　　　　　　　　　　　　　　　　　　　单位：元

纳税人识别号	00002797648920185856	纳税人名称	北京永兴商贸有限公司
报送日期		所属日期	2021-06-01 至 2021-06-30

项目	本期金额	上期金额
一、营业收入	4840000.00	0.00
减：营业成本	3510000.00	0.00
税金及附加	2034.29	0.00
销售费用	122487.40	0.00
管理费用	577145.00	0.00
研发费用	0.00	0.00
财务费用	0.00	0.00
其中：利息费用	0.00	0.00
利息收入	0.00	0.00
加：其他收益	0.00	0.00
投资收益（损失以"-"号填列）	0.00	0.00
其中：对联营企业和合营企业的投资收益	0.00	0.00
公允价值变动收益（损失以"-"号填列）	0.00	0.00
资产减值损失（损失以"-"号填列）	0.00	0.00
资产处置收益（损失以"-"号填列）	0.00	0.00
二、营业利润（亏损以"-"号填列）	628333.31	0.00
加：营业外收入	0.00	0.00
减：营业外支出	0.00	0.00
三、利润总额（亏损总额以"-"号填列）	628333.31	0.00
减：所得税费用	31351.83	0.00
四、净利润（净亏损以"-"号填列）	596981.48	0.00
（一）持续经营净利润（净亏损以"-"号填列）	596981.48	0.00
（二）终止经营净利润（净亏损以"-"号填列）	0.00	0.00
五、其他综合收益的税后净额	0.00	0.00
（一）不能重分类进损益的其他综合收益	0.00	0.00
1.重新计量设定受益计划变动额	0.00	0.00
2.权益法下不能转损益的其他综合收益	0.00	0.00
（二）将重分类进损益的其他综合收益	0.00	0.00
1.权益法下可转损益的其他综合收益	0.00	0.00
2.可供出售金融资产公允价值变动损益	0.00	0.00
3.持有至到期投资重分类可供出售金融资产损益	0.00	0.00

图 7-6　利润表

审核财务报表

智能会计信息系统应用

2.纳税申报表编制

（1）增值税纳税申报表编制

① 涉税服务岗人员进入金税师，单击"纳税申报"，申报日期选择"2021年07月"。单击"增值税纳税申报表"，进入增值税纳税申报表界面，包括主表和附表等多张表格，如图7-7所示。表的格式由系统预置，数据根据票天下及财天下中的相关数据生成，如需调整可手动修改。

			一般项目		即征即退项目	
项目		栏次	本月数	本年累计	本月数	本年累计
销售额	（一）按适用税率计税销售额	1	841769.91	841769.91	0.00	0.00
	其中：应税货物销售额	2	841769.91	841769.91		0.00
	应税劳务销售额	3	0.00	0.00		0.00
	纳税检查调整的销售额	4	0.00	0.00		0.00
	（二）按简易办法计税销售额	5	0.00	0.00		0.00
	其中：纳税检查调整的销售额	6	0.00	0.00		0.00
	（三）免、抵、退办法出口销售额	7	0.00	0.00	--	--
	（四）免税销售额	8	0.00	0.00	--	--
	其中：免税货物销售额	9	0.00	0.00	--	--
	免税劳务销售额	10	0.00	0.00	--	--
税款计算	销项税额	11	109430.09	109430.09	0.00	0.00
	进项税额	12	92477.69	92477.69		
	上期留抵税额	13			0.00	
	进项税额转出	14	0.00	0.00		0.00
	免、抵、退应退税额	15		0.00		0.00
	按适用税率计算的纳税检查应补缴税额	16		0.00		
	应抵扣税额合计	17	92477.69	--	0.00	
	实际抵扣税额	18	92477.69	0.00	0.00	
	应纳税额	19	16952.40	16952.40	0.00	0.00
	期末留抵税额	20	0.00	0.00	--	--
	简易计税办法计算的应纳税额	21		0.00		0.00
	按简易计税办法计算的纳税检查应补缴税额	22		0.00		
	应纳税额减征额	23		0.00		
	应纳税额合计	24	16952.40	16952.40	0.00	0.00
税款缴纳	期初未缴税额（多缴为负数）	25		0.00		
	实收出口开具专用缴款书退税额	26			--	--
	本期已缴税额	27	0.00	0.00	0.00	0.00
	①分次预缴税额	28		--		--
	②出口开具专用缴款书预缴税额	29		--		--
	③本期缴纳上期应纳税额	30	0.00	0.00	0.00	0.00
	④本期缴纳欠缴税额	31		0.00		0.00
	期末未缴税额（多缴为负数）	32	16952.40	16952.40		
	其中：欠缴税额（≥0）	33	0.00	0.00		
	本期应补（退）税额	34	16952.40	--	0.00	--
	即征即退实际退税额	35	--	--		
	期初未缴查补税额	36		0.00	--	--
	本期入库查补税额	37		0.00	--	--
	期末未缴查补税额	38	0.00	0.00	--	--

图7-7 增值税纳税申报表

② 单击"增值税纳税申报表附列资料（一）"，根据发票信息核对项目栏次金额，如图7-8所示。如需调整可手动修改。

③ 单击"增值税纳税申报表附列资料（二）"，根据发票信息及航空旅客运输核算项目栏次金额，如图7-9所示。如需调整可手动修改，然后单击"保存"按钮。

单元七　纳税申报

未提交　申报日期 2021年07月　北京永兴商贸有限公司　增值税纳税申报表（适

增值税纳税申报表附列资料（一）
（本期销售情况明细）

纳税人名称（公章）：北京永兴商贸有限公司　　税款所属时间：税款所属时间自 2021 年 06 月 1 日到 2021

填表日期：

项目及栏次			开具增值税专用发票		开具其他发票		未开具发票		纳税检查调整		合计	
			销项（应纳）税额						销项（应纳）税额		销项（应纳）税额	
			1	2	3	4	5	6	7	8	9=1+3+5+7	10=2+4+6+8	11=9+10
13%税率的货物及加工修理修配劳务		1	276769.91	35980.09	565000.00	73450.00	0.00	0.00	0.00	0.00	841769.91	109430.09	—
13%税率的服务、不动产和无形资产		2	0.00	0.00	0.00	0.00	0.00	0.00	0.00	0.00	0.00	0.00	0.00
9%税率的货物及加工修理修配劳务		3	0.00	0.00	0.00	0.00	0.00	0.00	0.00	0.00	0.00	0.00	0.00
9%税率的服务、不动产和无形资产		4	0.00	0.00	0.00	0.00	0.00	0.00	0.00	0.00	0.00	0.00	0.00
6%税率		5	0.00	0.00	0.00	0.00	0.00	0.00	0.00	0.00	0.00	0.00	0.00
其中：即征即退项目	即征即退货物及加工修理修配劳务	6	—	—	—	—	—	—	—	—	—	0.00	—
	即征即退服务、不动产和无形资产	7	—	—	—	—	—	—	—	—	—	0.00	—
全部征税项目	5%征收率	8	0.00	0.00	0.00	0.00	0.00	0.00	0.00	0.00	0.00	0.00	0.00
	5%征收率的货物及加工修理修配劳务	9a	0.00	0.00	0.00	0.00	0.00	0.00	0.00	0.00	0.00	0.00	0.00
	5%征收率的服务、不动产和无形资产	9b	0.00	0.00	0.00	0.00	0.00	0.00	0.00	0.00	0.00	0.00	0.00
	4%征收率	10	0.00	0.00	0.00	0.00	0.00	0.00	0.00	0.00	0.00	0.00	0.00
		11	0.00	0.00	0.00	0.00	0.00	0.00	0.00	0.00	0.00	0.00	0.00
	3%征收率的服务、不动产和无形资产	12	0.00	0.00	0.00	0.00	0.00	0.00	0.00	0.00	0.00	0.00	0.00
	预征率 0.00%	13a										0.00	0.00
	预征率 0.00%	13b										0.00	0.00
	预征率 0.00%	13c										0.00	0.00
其中：即征即		14	—	—	—	—	—	—	—	—	—		—

图 7-8　增值税纳税申报表附列资料（一）

未提交　申报日期 2021年07月　北京永兴商贸有限公司　增值税纳税申报表（适

增值税纳税申报表附列资料（二）
（本期进项税额明细）

税款所属时间自 2021 年 06 月 1 日到 2021 年 06 月 30 日

纳税人名称（公章）：北京永兴商贸有限公司

一、申报抵扣的进项税额

项目	栏次	份数	金额	税额
（一）认证相符的增值税专用发票	1=2+3	4	712603.77	92276.23
其中：本期认证相符且本期申报抵扣	2	4	712603.77	92276.23
前期认证相符且本期申报抵扣	3			
（二）其他扣税凭证	4=5+6+7+8	2	2238.54	201.46
其中：海关进口增值税专用缴款书	5			
农产品收购发票或者销售发票	6			
代扣代缴税收缴款凭证	7	— —	— —	0.00
加计扣除农产品进项税额	8a	— —	— —	
其他	8b		2238.54	201.46
（三）本期用于构建不动产的扣税凭证	9	0	0.00	0.00
（四）本期用于抵扣的旅客运输服务扣税凭证	10	2	2238.54	201.46
（五）外贸企业进项税额抵扣证明	11	— —	— —	0.00
当期申报抵扣进项税额合计	12=1+4+11	6	714842.31	92477.69

图 7-9　增值税纳税申报表附列资料（二）

④ 单击"其他扣税凭证明细表",根据航空旅客运输信息手动修改,如图7-10所示。单击"保存"按钮。

图 7-10 其他扣税凭证明细表

编制增值税纳税申报表

（2）城市维护建设税、教育费附加、地方教育费附加申报表编制

返回纳税工作台列表,单击"城市维护建设税、教育费附加、地方教育费附加申报表",进入城市维护建设税、教育费附加、地方教育费附加申报表界面,如图7-11所示。表的格式由系统预置,计税依据来源于增值税纳税申报表中的数据,税率来源于税务信息中的设置。完成后单击"保存"按钮。

图 7-11 城市维护建设税、教育费附加、地方教育费附加申报表

编制城市维护建设税、教育费附加、地方教育费附加纳税申报表

（3）企业所得税纳税申报表编制

① 返回纳税工作台列表，申报日期选择"2021年07月"，单击"中华人民共和国企业所得税月（季）度预缴纳税申报表（A类）"，进入所得税月（季）度预缴纳税申报界面，如图7-12所示。表的格式由系统预置，数据根据财务报表设置生成。修改季度填报信息，季初、季末从业人数为17人。

行次	项目	本年累计金额
	预缴税款计算	
1	营业收入	4840000.00
2	营业成本	3510000.00
3	利润总额	628333.31
4	加：特定业务计算的应纳税所得额	
5	减：不征税收入	
6	减：免税收入、减计收入、所得减免等优惠金额（填写A201010）	0.00
7	减：固定资产加速折旧（扣除）调减额（填写A201020）	0.00
8	减：弥补以前年度亏损	
9	实际利润额（3+4-5-6-7-8）\ 按照上一纳税年度应纳税所得额平均额确定的应纳税所得额	628333.31
10	税率（25%）	25.00%
11	应纳所得税额（9×10）	157083.33
12	减：减免所得税额（填写A201030）	125666.66
13	减：实际已缴纳所得税额	
14	减：特定业务预缴（征）所得税额	
15	本期应补（退）所得税额（11-12-13-14）\ 税务机关确定的本期应纳所得税额	31416.67
	汇总纳税企业总分机构税款计算	
16	总机构本期分摊应补（退）所得税额（17+18+19）	0
17	其中：总机构分摊应补（退）所得税额（15×总机构分摊比例_25_%）	0
18	财政集中分配应补（退）所得税额（15×财政集中分配比例_25_%）	0
19	总机构具有主体生产经营职能的部门分摊所得税额（15×全部分支机构分摊比例_50_%×总机构具有主体生产经营职能部门分摊比例_ %）	0
20	分支机构本期分摊比例	
21	分支机构本期分摊应补（退）所得税额	
	附报信息	
	高新技术企业	否
	科技型中小企业	否
	技术入股递延纳税事项	否
	按季度填报信息	
	季初从业人数	17
	季末从业人数	17
	季初资产总额（万元）	0.00
	季末资产总额（万元）	0.00
	国家限制或禁止行业	否
	小型微利企业	是

图7-12 企业所得税月（季）度预缴纳税申报表

② 单击“减免所得税优惠明细表”，表的格式由系统预置。北京永兴商贸有限公司应纳税所得额 628 333.31 元，不超过 100 万元，减按 25% 计入应纳税所得额，并按 20% 的税率计算缴纳企业所得税，实际税负为 5%，实际减免企业所得税 125 666.66 元。填写减免所得税优惠明细表，如图 7-13 所示。

未提交 申报日期 2021年07月 北京永兴商贸有限公司 中华人民共和国企业所

	A	B	C
1	减免所得税优惠明细表		
2	行次	项　　目	本年累计金额
3	1	一、符合条件的小型微利企业减免企业所得税	125666.66
4	2	二、国家需要重点扶持的高新技术企业减按15%的税率征收企业所得税	
5	3	三、经济特区和上海浦东新区新设立的高新技术企业在区内取得的所得定期减免企业所得税	
6	4	四、受灾地区农村信用社免征企业所得税	
7	5	五、动漫企业自主开发、生产动漫产品定期减免企业所得税	
8	6	六、线宽小于0.8微米（含）的集成电路生产企业减免企业所得税	
9	7	七、线宽小于0.25微米的集成电路生产企业减按15%税率征收企业所得税	
10	8	八、投资额超过80亿元的集成电路生产企业减按15%税率征收企业所得税	
11	9	九、线宽小于0.25微米的集成电路生产企业减免企业所得税	
12	10	十、投资额超过80亿元的集成电路生产企业减免企业所得税	
13	11	十一、线宽小于130纳米的集成电路生产企业减免企业所得税	
14	12	十二、线宽小于65纳米或投资额超过150亿元的集成电路生产企业减免企业所得税	
15	13	十三、新办集成电路设计企业减免企业所得税	
16	14	十四、国家规划布局内集成电路设计企业可减按10%的税率征收企业所得税	
17	15	十五、符合条件的软件企业减免企业所得税	
18	16	十六、国家规划布局内重点软件企业可减按10%的税率征收企业所得税	
19	17	十七、符合条件的集成电路封装、测试企业定期减免企业所得税	
20	18	十八、符合条件的集成电路关键专用材料生产企业、集成电路专用设备生产企业定期减免企业所得税	
21	19	十九、经营性文化事业单位转制为企业的免征企业所得税	
22	20	二十、符合条件的生产和装配伤残人员专门用品企业免征企业所得税	

图 7-13　减免所得税优惠明细表

③ 在中华人民共和国企业所得税月（季）度预缴纳税申报表（A 类）界面，单击“免税收入、减计收入、所得减免等优惠明细表”，表的格式由系统预置。当有免税收入、减计收入、所得减免时，填写这张附表。例如，当北京永兴商贸有限公司投资收益里有国债利息收入 5 000 元时，填写免税收入、减计收入、所得减免等优惠明细表，如图 7-14 所示。

④ 单击“固定资产加速折旧 (扣除) 优惠明细表”，表的格式由系统预置。当有固定资产特殊业务时，填写这张附表。例如，北京永兴商贸有限公司 2021 年 5 月购入一台电子设备作为固定资产管理，价值 4 500 元，该设备在会计上采用直线法进行折旧，预计使用年限为 3 年（税法规定的最低折旧年限为 3 年），净残值为 0，允许一次性计入当期成本费用，在计算应纳税所得额时扣除。假设北京永兴商贸有限公司 2021 年度无其他加速折旧事项，填写固定资产加速折旧（扣除）优惠明细表，如图 7-15 所示。然后单击“保存”按钮。

未提交　申报日期　2021年07月　北京永兴商贸有限公司　中华人民共和国企业所

A	B	C
\multicolumn{3}{c}{免税收入、减计收入、所得减免等优惠明细表}		
行次	项目	本年累计金额
1	一、免税收入（2+3+8+9+…+15）	5000.00
2	（一）国债利息收入免征企业所得税	5000.00
3	（二）符合条件的居民企业之间的股息、红利等权益性投资收益免征企业所得税	
4	其中：内地居民企业通过沪港通投资且连续持有H股满12个月取得的股息红利所得免征企业所得税	
5	内地居民企业通过深港通投资且连续持有H股满12个月取得的股息红利所得免征企业所得税	
6	居民企业持有创新企业CDR取得的股息红利所得免征企业所得税	
7	符合条件的居民企业之间属于股息、红利性质的永续债利息收入免征企业所得税	
8	（三）符合条件的非营利组织的收入免征企业所得税	
9	（四）中国清洁发展机制基金取得的收入免征企业所得税	
10	（五）投资者从证券投资基金分配中取得的收入免征企业所得税	
11	（六）取得的地方政府债券利息收入免征企业所得税	
12	（七）中国保险保障基金有限责任公司取得的保险保障基金等收入免征企业所得税	
13	（八）中国奥委会取得北京冬奥组委支付的收入免征企业所得税	
14	（九）中国残奥委会取得北京冬奥组委分期支付的收入免征企业所得税	
15	（十）其他	
16	二、减计收入（17+18+22+23）	0.00
17	（一）综合利用资源生产产品取得的收入在计算应纳税所得额时减计收入	
18	（二）金融、保险等机构取得的涉农利息、保费减计收入（19+20+21）	0.00
19	1.金融机构取得的涉农贷款利息收入在计算应纳税所得额时减计收入	
20	2.保险机构取得的涉农保费收入在计算应纳税所得额时减计收入	
21	3.小额贷款公司取得的农户小额贷款利息收入在计算应纳税所得额时减计收入	
22	（三）取得铁路债券利息收入减半征收企业所得税	
23	（四）其他（23.1+23.2）	0.00
23.1	1.取得的社区家庭服务收入在计算应纳税所得额时减计收入	
23.2	2.其他	

图 7-14　免税收入、减计收入、所得减免等优惠明细表

未提交　申报日期　2021年07月　北京永兴商贸有限公司　中华人民共和国企业所

行次	项目	资产原值	本年累计折旧（扣除）金额			纳税调减金额	享受加速折旧优惠金额
			账载折旧金额	按照税收一般规定计算的折旧金额	享受加速折旧优惠计算的折旧金额		
		1	2	3	4	5	6(4-3)
1	一、固定资产加速折旧（不含一次性扣除，2+3）	0.00	0.00	0.00	0.00	0.00	0.00
2	（一）重要行业固定资产加速折旧						0.00
3	（二）其他行业研发设备加速折旧						0.00
4	二、固定资产一次性扣除	4500.00	125.00	125.00	4500.00	4375.00	4375.00
5	合计（1+4）	4500.00	125.00	125.00	4500.00	4375.00	4375.00

固定资产加速折旧(扣除)优惠明细表

法人代表（签章）　　　填表人
税务机关收到日期：　接收人　　　主管税务机关盖章

图 7-15　固定资产加速折旧（扣除）优惠明细表

编制企业所得税预缴纳税申报表

3. 纳税申报表审核

① 管理复核岗人员进入金税师,单击"纳税申报",进入纳税工作台列表,申报日期选择"2021年07月"。单击"增值税纳税申报表",进入增值税纳税申报表(主表)界面。

② 检查北京永兴商贸有限公司的增值税纳税申报表各项信息是否正确,确认无误后单击"保存"按钮并执行"审核|通过"命令,完成审核。如果审核后发现有错误,则执行"审核|反审核"命令,完成反审核后进行修改。

③ 重复以上流程,审核城市维护建设税、教育费附加、地方教育附加申报表,审核中华人民共和国企业所得税月(季)度预缴纳税申报表。

审核纳税申报表

4. 纳税申报

① 管理复核岗人员进入金税师,单击"纳税申报",进入纳税工作台列表,申报日期选择"2021年07月"。单击"增值税纳税申报表",进入增值税纳税申报表(主表)界面。单击右上角的"申报"按钮,完成增值税的纳税申报。

② 重复以上流程,完成城市维护建设税、教育费附加、地方教育附加申报表、企业所得税预缴纳税申报表的申报任务。

注意:申报后若想取消申报,可在金税师主页面的"申报日志"中取消纳税申报表的纳税申报。

完成纳税申报

四、任务评价

填写"纳税申报"任务评价表,如表7-1所示。

表 7-1　"纳税申报"任务评价表

工作任务清单	完成情况
完成财务报表的审核	
完成纳税申报表的编制及审核	
完成纳税申报	

五、任务拓展

1. **思考**：小规模纳税人如何进行纳税申报？

2. **训练**：完成 1+X 智能财税职业技能等级证书初级代理实务工作领域四的纳税申报训练。

单元八

综合训练

一、任务情景

中兴财联集团旗下的北京阳光窗帘加工有限公司（简称阳光公司），是一家经营"阳光"牌窗帘的企业，主要销售的产品是单幅窗帘、双幅窗帘，公司法人代表李金明。

公司开户银行：中国工商银行北京中山支行

账号：6002405861237322

公司纳税人识别号：91MP0110862387554R

公司地址：北京市丰台区中山路 12 号

电话：010-82345671

邮箱：ygclgs@126.com

公司设立办公室、财务部、质检部、销售部、采购部和仓储部，如表 8-1 所示。

表 8-1 部门情况表

编 码	名 称
000001	办公室
000002	财务部
000003	质检部
000004	销售部
000005	采购部
000006	仓储部

（二）操作员及权限（见表 8-2）

表 8-2 操作员及权限

编码	隶属机构	岗 位	操作分工
001	共享中心	会计主管岗	系统基础设置、审核记账凭证、系统结账、报表审核、税表审核等
002	共享中心	会计核算岗	审核业务单据、生成记账凭证、会计核算、固定资产管理、工资管理、财务报表生成
003	共享中心	涉税服务岗	发票开具、RPA 开票流程设计并运用、税费计算、纳税申报
004	共享中心	票据处理岗	票据采集、OCR 识别、票据查验、票据管理

二、操作要求

1. 企业执行《企业会计准则》(2007 年)
2. 基础设置要求

账套启用：记账服务、报税服务、开票服务

启用会计期间：2021 年 12 月

客户辅助核算：应收票据、应收账款、预收账款、其他应收款/外部借款及往来

供应商辅助核算：应付票据、应付账款/一般、预付账款、其他应付款/外部借款及往来

人员辅助核算：其他应收款/内部员工借款、其他应付款/员工垫付

存货和数量核算：在途物资、原材料、库存商品、发出商品、周转材料、主营业务收入/销售商品收入、主营业务成本/销售商品成本

3. 该公司所有新增业务按发生日期逐笔记录，暂估业务除外
4. 票据采集的基本规定

使用智能票据识别系统对不同公司、不同时间、不同业务类型的增值税发票、费用类票据、银行回单等票据电子影像进行 OCR 识别、核对、查验、分类和审核。

5. 会计凭证的基本规定

输入或生成记账凭证均由指定的会计人员操作，含有"库存现金"和"银行存款"科目的记账凭证均需要出纳签字；采用通用记账凭证格式；根据采集票据影像文件，自动生成记账凭证并进行人工校验，或者人工编制记账凭证；为保证财务与业务数据的一致性，能在业务系统生成的记账凭证不得在记账服务系统直接输入；原始单据 OCR 识别审核后，智能财税平台批量生成记账凭证时，除特殊规定外不采用合并制单；除指定业务外，收到发票同时支付款项的业务，无论是否收付款，均需要通过应收、应付科目核算。

6. 结算方式

公司采用的结算方式如表 8-3 所示。在系统中没有对应结算方式的，其结算方式为"其他"。

表 8-3 结算方式

结算方式编码	结算方式名称	结算方式类型	收	付	标记
10	现金收支	现金	是	是	
20	银行收支	银行	是	是	银行
30	微信收支	微信	是	是	
40	支付宝收支	支付宝	是	是	
50	冲减预收	应收	是		客户
60	客户欠款	应收	是		客户
70	冲减预付	应付		是	供应商
80	欠供应商款	应付		是	供应商

7. 薪酬业务的处理

薪酬业务通过智能工资系统进行核算操作。

由公司承担并缴纳的养老保险、医疗保险、失业保险、工伤保险、生育保险、住房公积金分别按 16%、10%、0.8%、0.2%、0.8%、12% 的比例计算；职工个人承担的养老保险、医疗保险、失业保险、住房公积金分别按 8%、2%、0.2%、12% 的比例计算。按工资总额的 2% 计提工会经费，职工福利费按实际发生数列支，不按比例计提；各类社会保险金当月计提，当月缴纳。按照国家有关规定，公司代扣代缴个人所得税，其费用扣除标准为 5 000 元。

8. 固定资产业务的处理

固定资产业务通过资产管理系统进行核算操作。

公司固定资产包括房屋及建筑物、机器设备、办公家具、运输工具、电子设备等，均为在用状态；固定资产折旧按平均年限法计算，房屋建筑物折旧年限 30 年、机械设备折旧年限 10 年、运输设备折旧年限 5 年、电子设备折旧年限 3 年、办公设备折旧年限 5 年。

新增固定资产卡片编码采用连续编号方式。

9. 存货业务的处理

公司存货为单幅窗帘和双幅窗帘。各类存货按照实际成本计价，采用永续盘存制；发出存货成本采用月末一次加权平均法核算，周转材料价值采用一次摊销法，采购入库存货对方科目全部使用"在途物资"科目；同一批出入库业务生成一张记账凭证；采购、销售业务必有订单（订单号自动生成）、出入库业务必有发货单和验收单。

10. 税费的处理

① 本公司为增值税一般纳税人，本月收到的增值税专用发票均已查验并认证，并报税务审核无误。

② 企业所得税税率为 25%。企业所得税按月预计，按季预缴，全年汇算清缴。

③ 公司销售商品增值税税率为 13%，按月缴纳。

④ 城市维护建设税、教育费附加、地方教育费附加，分别按流转税的 7%、3%、2% 计算，按月缴纳。

⑤ 个人所得税按照 2019 年 1 月 1 日开始实施的《中华人民共和国个人所得税法实施条例》计算。

⑥ 印花税按月缴纳，印花税处理按税法规定执行。

缴纳税款和各类社会保险按银行开具的原始凭证编制记账凭证。

11. 坏账损失的处理

除应收账款外，其他的应收款项不计提坏账准备。每年年末，按应收账款余额百分比法计提坏账准备，提取比例为 0.5%（月末视同年末）。

12. 损益类账户的结转

每月月末将各损益类账户余额转入"本年利润"账户，结转时按收入和支出分别生成记账凭证。

13. 利润及其分配

① 本公司利润的结转采用账结法，每年年末按弥补以前年度亏损后的税后利润提

取法定盈余公积，提取比例10%。

② 年末根据当年可向投资者分配的利润，由股东会决定利润分配比例，投资者按出资比例分配。

③ 根据公司章程，公司税后利润按以下顺序及规定分配：弥补亏损；按10%提取法定盈余公积；按30%向投资者分配利润。

会计核算中涉及的单位成本四舍五入保留两位小数；费用分配率四舍五入保留两位小数。

三、任务布置

（一）模块初始化

由会计主管岗人员完成资产管理、智能工资系统的初始化。

【任务1-1】

在基础设置中进行人员辅助核算设置。

人员信息表导入模板

【任务1-2】

在智能工资系统中进行工资项目设置。

在"设置"界面"奖金项"选项组中打开以下工资项目：加班工资、全勤奖、差旅补贴、交通补助、话补、餐补、高温补贴和采暖补贴。

在"设置"界面"扣款项"选项组中打开以下工资项目：缺勤扣款、迟到扣款、请假扣款。

【任务1-3】

在智能工资系统中对计提工资和社保及住房公积金做借方科目设置，具体信息如表8-4所示。

表8-4 计提工资和社保及公积金借方科目设置

部门	计提工资科目	计提养老保险科目	计提医疗保险科目	计提失业保险科目	计提工伤保险科目	计提生育保险科目	计提住房公积金科目
办公室	66020101	6602010501	6602010502	6602010503	6602010504	6602010505	66020106
财务部	66020101	6602010501	6602010502	6602010503	6602010504	6602010505	66020106
质检部	66020101	6602010501	6602010502	6602010503	6602010504	6602010505	66020106
销售部	66010101	6601010501	6601010502	6601010503	6601010504	6601010505	66010106
采购部	66020101	6602010501	6602010502	6602010503	6602010504	6602010505	66020106
仓储部	66020101	6602010501	6602010502	6602010503	6602010504	6602010505	66020106

【任务 1-4】

在智能工资系统中设置企业为员工缴纳社保及住房公积金基数与比例，具体信息如表 8-5 所示。

表 8-5 计算企业承担的社保及住房公积金   元

缴纳项目	社保基数	个人缴纳		企业缴纳	
		比例	金额	比例	金额
养老	3 613	8.00%	289.04	16.00%	578.08
医疗	5 557	2.00%	111.14	10.00%	555.70
失业	3 613	0.20%	7.23	0.80%	28.90
工伤	4 713			0.20%	9.43
生育	5 557			0.80%	44.46
公积金	2 500	12.00%	300.00	12.00%	300.00
总　计			707.41		1 516.57

【任务 1-5】

在智能工资系统中设置员工专项扣除信息。（附信息表）

员工专项扣除信息表

【任务 1-6】

在资产管理系统的"部门费用科目设置"界面中设置资产折旧摊销费用借方科目，如表 8-6 所示。

表 8-6 资产折旧摊销费用借方科目设置

部　门	科　目
办公室	660206 管理费用——资产折旧摊销费
财务部	660206 管理费用——资产折旧摊销费
质检部	660206 管理费用——资产折旧摊销费
销售部	660107 销售费用——资产折旧摊销费
采购部	660206 管理费用——资产折旧摊销费
仓储部	660206 管理费用——资产折旧摊销费

【任务 1-7】

在资产管理系统中分别采用新增和导入方式完成固定资产卡片的输入,如表 8-7 所示。

表 8-7 固定资产卡片

资产编码	资产名称	录入日期	开始使用日期	资产类别	预计使用年限/月	原值/元
1020001	办公楼	2021-12-1	2017-9-1	固定资产——房屋建筑物	360	269 500
折旧方式	部门	残值率	是否期初	期初累计折旧/元	期初折旧期间数/月	期初已使用期间数/月
平均年限法	办公室	4%	是	53 900	50	51
资产编码	资产名称	录入日期	开始使用日期	资产类别	预计使用年限/月	原值/元
2010001	联想台式电脑	2021-12-1	2020-11-1	固定资产——电子设备	36	8 520
折旧方式	部门	残值率	是否期初	期初累计折旧/元	期初折旧期间数/月	期初已使用期间数/月
平均年限法	销售部	4%	是	1 635.84	12	13

固定资产卡片导入模板

(二)日常业务处理与会计核算

使用记账服务(智能工资、资产管理)、报税服务、开票服务完成北京阳光窗帘加工有限公司 2021 年 12 月发生业务。

【任务 2-1】

12 月 2 日,与北京迎宾酒店有限公司签订销售合同,当日收到一笔款项。原始凭证如图 8-1 所示。

智能会计信息系统应用

中国工商银行

凭证

业务回单（　收款　）

日期：2021 年 12 月 02 日　　回单编号：37574102505

付款人户名：北京迎宾酒店有限公司　　付款人开户行：中国建设银行北京安顺路支行

付款人账号(卡号)：6340000097325836156

收款人户名：北京阳光窗帘加工有限公司　　收款人开户行：中国工商银行北京中山支行

收款人账号(卡号)：6002405861237322

金额：贰拾壹万伍仟陆佰零肆元整　　小写：¥215,604.00

业务(产品)种类：　　凭证种类：4478258269　　凭证号码：39726608414601104

摘要：贷款　　用途：　　币种：人民币

交易机构：3490486901　　记账柜员：92716　　交易代码：87851　　渠道：6002405861237322

(盖章：中国工商银行北京中山支行 电子回单专用章)

本回单为第 1 次打印，注意重复　打印日期：2019 年 12 月 02 日　打印柜员：3　验证码：935651023368

图 8-1　银行回单

【任务 2-2】

12 月 2 日，与中国工商银行北京中山支行签订短期借款合同，当日收到借款金额。原始凭证如图 8-2 和图 8-3 所示。

借款合同

合同编号：08847190

经　北京阳光窗帘加工有限公司　（以下简称贷款方）与　中国工商银行北京中山支行　（以下简称借款方）充分协商，签订本合同，共同遵守。

第一、由贷款方提供贷款人民币大写　伍佰万元整　（¥5,000,000.00）给借方，贷款期限自 2021 年 12 月 02 至 2022 年 06 月 02 日。

第二、贷款方应按期、按额向借款方提供贷款，否则，按违约数额和延期天数，付给借款方违约金。违约金数额的计算，与逾期贷款罚息相同，即为。

第三、贷款月利率为银行同期年月利率 3.625%，每月 3 日结息，如遇调整，按调整的新利率和计息办法执行。

第四、借款方应按协议使用贷款，不得转移用途。否则，贷款方有权停止发放新贷款，直至收回已发放的贷款。

第五、借款方保证按借款契约所定期限归还贷款本息。如需延期，借款方最迟在贷款到期前 15 天，提出延期申请，经贷款方同意，办理延期手续。但延期最长不得超过原定期限的一半。贷款方未同意延期或未办理延期手续的逾期贷款，加收罚息。

第六、贷款到期后 1 个月，如借款方不归还贷款，贷款方有权依照法律程序处理借款方作为贷款抵押的的物资和财产，抵还借款本息。

第七、本协议书一式 2 份，借贷款双方各执正本 1 份。自双方签字起即生效。

……

第十一、合同争议的解决方式

本合同在履行过程中发生的争议，由借贷双方协商解决，协商不成的依法向人民法院提起诉讼。

贷款方：北京阳光窗帘加工有限公司　　借款方：中国工商银行北京中山支行

法定代表人：李金明　　法定代表人：杨森

签订日期：2021 年 12 月 02 日　　签订日期：2021 年 12 月 02 日

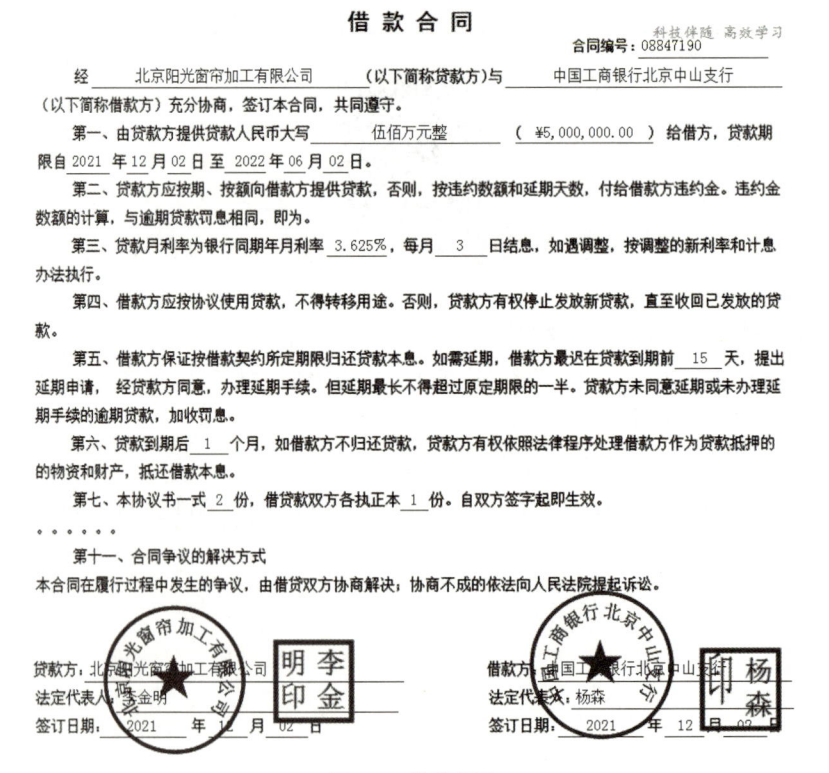

图 8-2　借款合同

单元八　综合训练

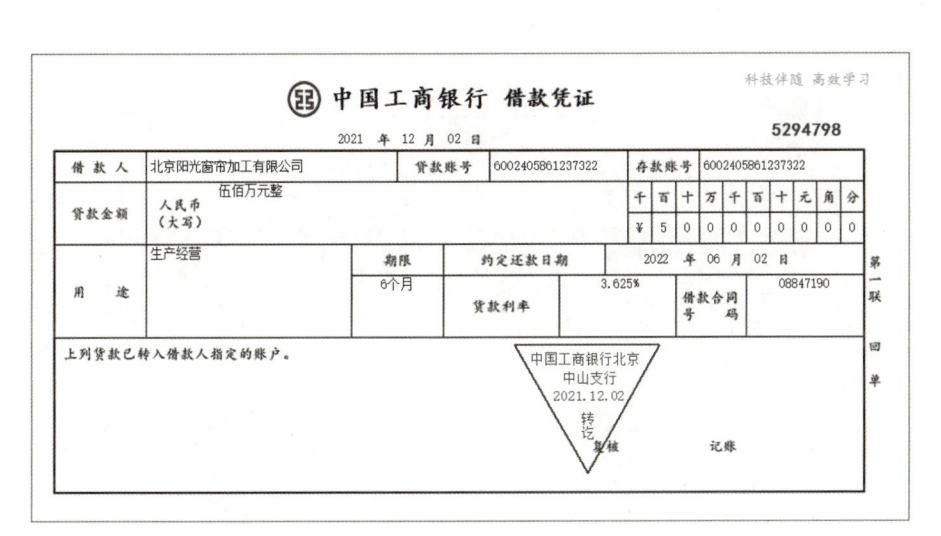

图 8-3　借款凭证

中国工商银行 借款凭证 5294798

2021 年 12 月 02 日

| 借款人 | 北京阳光窗帘加工有限公司 | 贷款账号 | 6002405861237322 | 存款账号 | 6002405861237322 |

| 贷款金额 | 人民币（大写）伍佰万元整 | | | ￥ 5 0 0 0 0 0 0 0 0 |

| 用途 | 生产经营 | 期限 | 6个月 | 约定还款日期 | 2022 年 06 月 02 日 |
| | | 贷款利率 | 3.625% | 借款合同号码 | 08847190 |

上列贷款已转入借款人指定的账户。

中国工商银行北京中山支行
2021.12.02
（转讫）

复核　　记账

第一联 回单

【任务2-3】

12月2日，采购部购买打印纸，并报销相关费用。原始凭证如图 8-4 至图 8-7 所示。

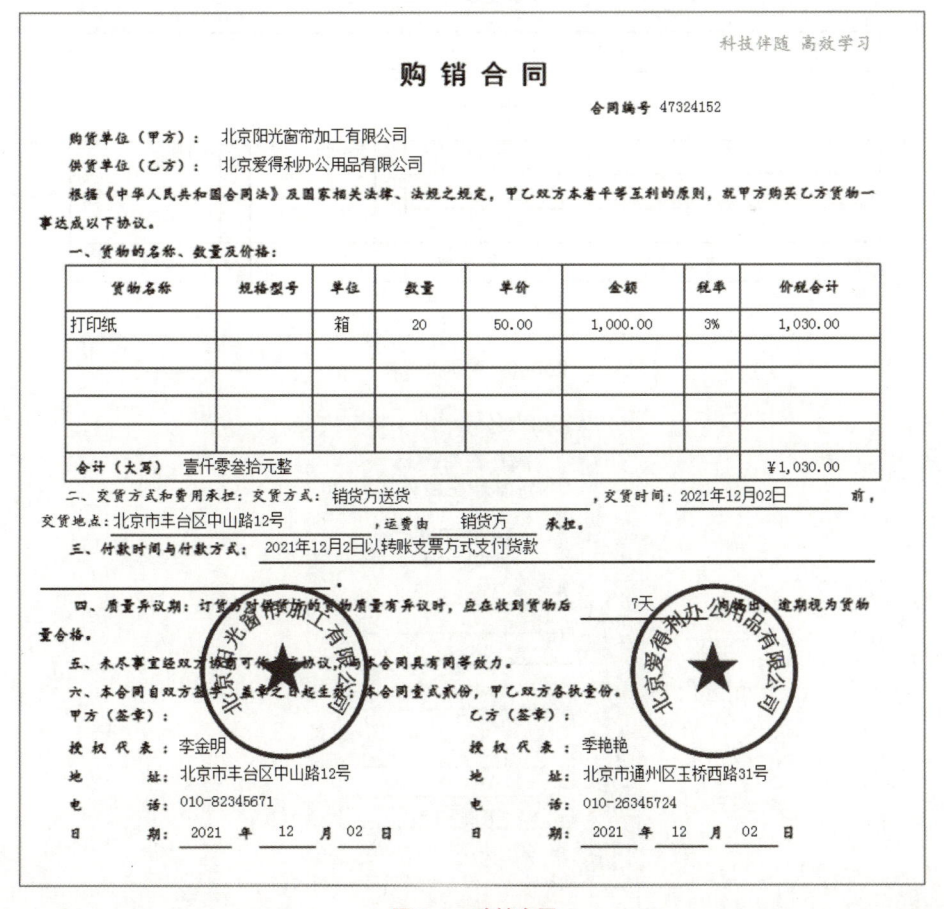

图 8-4　购销合同

购销合同

合同编号 47324152

购货单位（甲方）：北京阳光窗帘加工有限公司
供货单位（乙方）：北京爱得利办公用品有限公司

根据《中华人民共和国合同法》及国家相关法律、法规之规定，甲乙双方本着平等互利的原则，就甲方购买乙方货物一事达成如下协议。

一、货物的名称、数量及价格：

货物名称	规格型号	单位	数量	单价	金额	税率	价税合计
打印纸		箱	20	50.00	1,000.00	3%	1,030.00
合计（大写）	壹仟零叁拾元整						￥1,030.00

二、交货方式和费用承担：交货方式：销货方送货，交货时间：2021年12月02日 前。
交货地点：北京市丰台区中山路12号，运费由 销货方 承担。
三、付款时间与付款方式：2021年12月2日以转账支票方式支付货款。
四、质量异议期：订货方对货物的质量有异议时，应在收到货物后 7天 提出，逾期视为货物质量合格。
五、未尽事宜还双方协商，可作为补充协议，与本合同具有同等效力。
六、本合同自双方签章之日起生效，本合同壹式贰份，甲乙双方各执壹份。

甲方（签章）：　　　　　　　　　　乙方（签章）：
授权代表：李金明　　　　　　　　　授权代表：季艳艳
地　　址：北京市丰台区中山路12号　地　　址：北京市通州区玉桥西路31号
电　　话：010-82345671　　　　　　电　　话：010-26345724
日　　期：2021 年 12 月 02 日　　　日　　期：2021 年 12 月 02 日

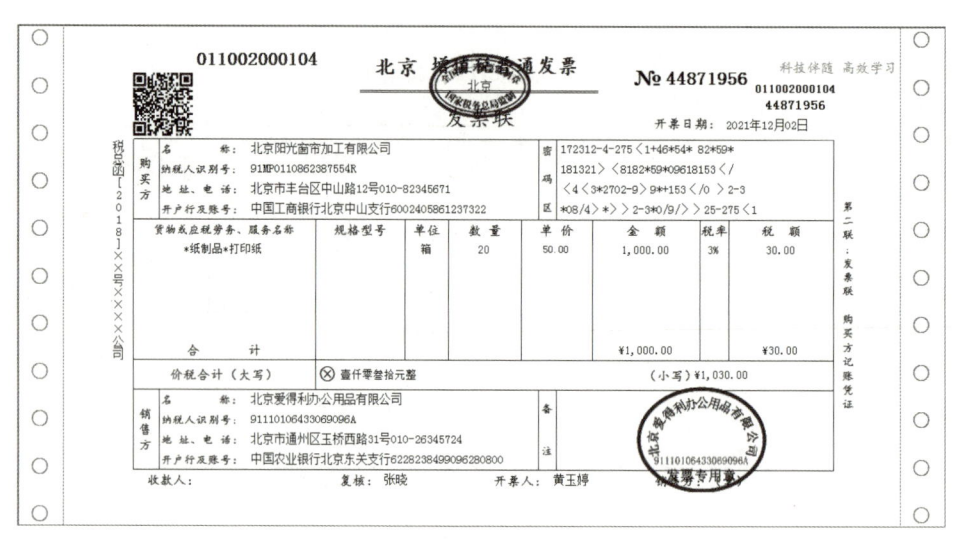

图 8-5　增值税普通发票

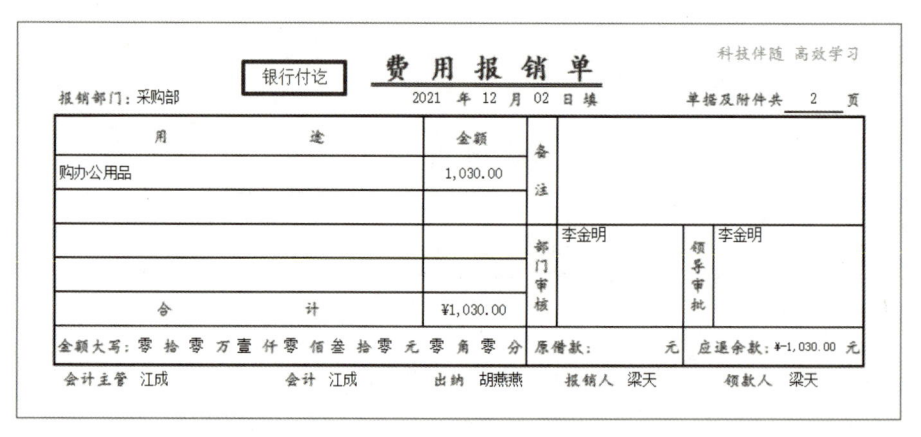

图 8-6　费用报销单

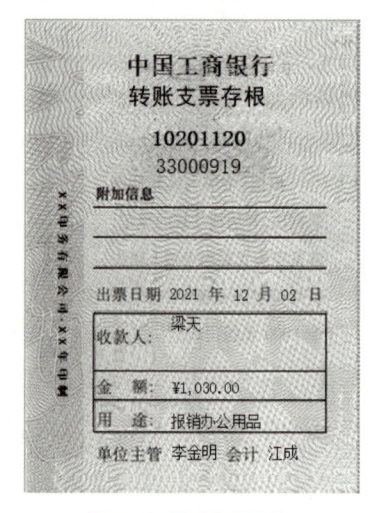

图 8-7　转账支票存根

单元八 综合训练

【任务2-4】

12月3日,采购存货,并支付货款。原始凭证如图8-8至图8-10所示。

购销合同

合同编号:15408733

购货单位(甲方):北京阳光窗帘加工有限公司
供货单位(乙方):北京华苑纺织有限公司

根据《中华人民共和国合同法》及国家相关法律、法规之规定,甲乙双方本着平等互利的原则,就甲方购乙方货物一事达成以下协议:

一、货物的名称、数量及价格:

货物名称	规格型号	单位	数量	单价	金额	税率	价税合计
单幅窗帘	400CM*250CM	套	2,500	178.85	447,125.00	13%	505,251.25
双幅窗帘	800CM*250CM	套	3,600	342.68	1,233,648.00	13%	1,394,022.24
合计(大写)	壹佰捌拾玖万玖仟贰佰柒拾叁元肆角玖分						¥1,899,273.49

二、交货方式和费用承担:交货方式:销货方送货 ,交货时间:2021年12月03日 前。
交货地点:北京市丰台区中山路12号 ,运费由 销货方 承担。

三、付款时间与付款方式:经购货方验货合格后以银行转账的方式在30日内付款。

四、质量异议期:订货方对供货方的货物质量有异议时,应在收到货物后 7日 内提出,逾期视为货物质量合格。

五、未尽事宜经双方协商作补充规定,与本合同具有同等效力。

六、本合同自双方签章之日起生效,本合同壹式贰份,甲乙双方各执壹份。

甲方(签章):	乙方(签章):
授权代表:李金阳	授权代表:孙怡
地 址:北京市丰台区中山路12号	地 址:北京市房山区人民路91号
电 话:010-82345671	电 话:010-51021392
日 期:2021年12月03日	日 期:2021年12月03日

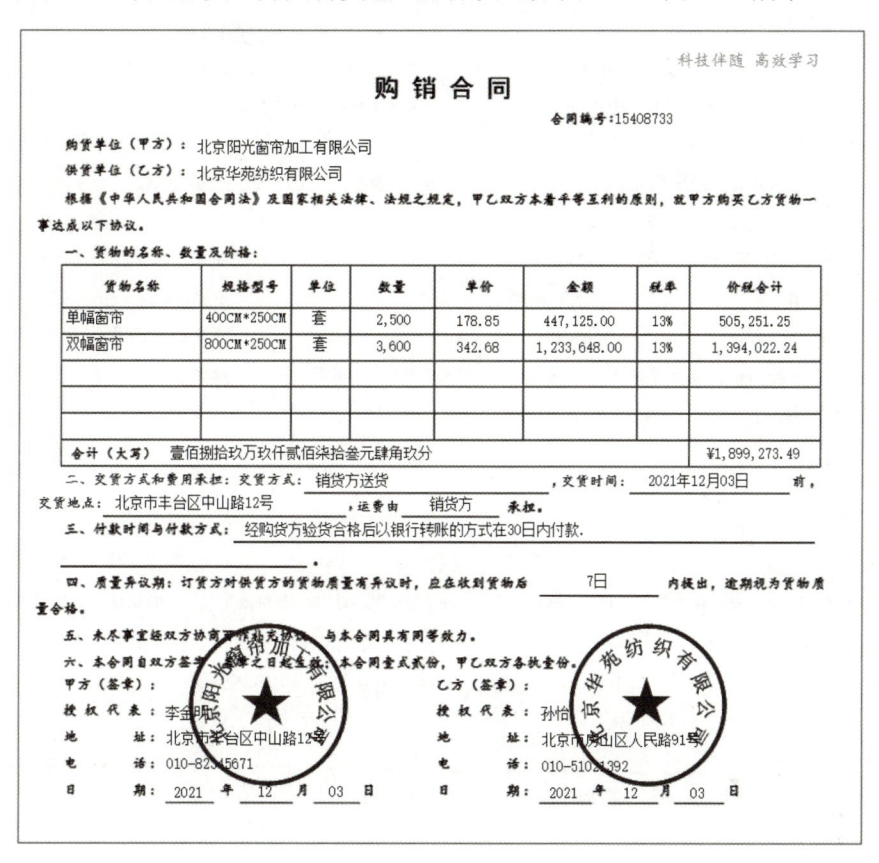

图8-8 购销合同

北京增值税专用发票

1100191140 № 12398593

机器编号:982888812388 开票日期:2021年12月03日

购买方	名 称:北京阳光窗帘加工有限公司
	纳税人识别号:91MP0110862387554R
	地 址、电 话:北京市丰台区中山路12号 010-82345671
	开户行及账号:中国工商银行北京中山支行6002405861237322

密码区:9*7359>>>0%32**4*2*562661167
-9*0966463%099571*65883-#2#6
63#1-#338-3506%0#695%*6%#41
66*>1#>5188234*%-\>4856**#464

货物或应税劳务、服务名称	规格型号	单位	数量	单价	金额	税率	税额
*纺织产品*单幅窗帘	400CM*250CM	套	2,500	178.85	447,125.00	13%	58,126.25
*纺织产品*双幅窗帘	800CM*250CM	套	3,600	342.68	1,233,648.00	13%	160,374.24
合 计					¥1,680,773.00		¥218,500.49

价税合计(大写): 壹佰捌拾玖万玖仟贰佰柒拾叁元肆角玖分 (小写)¥1,899,273.49

销售方	名 称:北京华苑纺织有限公司	备注
	纳税人识别号:91110111618721568D	校验码 52118 02813
	地 址、电 话:北京市房山区人民路91号 010-51021392	
	开户行及账号:中国工商银行北京人民路支行6222000009712953421	

收款人:刘颖壮 复核:郭博 开票人:刘颖壮

图8-9 增值税专用发票

中国工商银行

业务回单（付款）

日期：2021 年 12 月 03 日　　回单编号：36402711788

付款人户名：北京阳光窗帘加工有限公司　　付款人开户行：中国工商银行北京中山支行

付款人账号（卡号）：6002405861237322

收款人户名：北京华苑纺织有限公司　　收款人开户行：中国工商银行北京人民路支行

收款人账号（卡号）：6222000009712953421

金额：壹佰捌拾玖万玖仟贰佰柒拾叁元肆角玖分　　小写：¥1,899,273.49

业务（产品）种类：　　凭证种类：0597480345　　凭证号码：909189292287256241

摘要：货款　　用途：　　币种：人民币

交易机构：5882193401　　记账柜员：90141　　交易代码：84285　　渠道：

6222000009712953421

（中国工商银行北京中山支行 电子回单专用章）

本回单为第 1 次打印，注意重复　　打印日期：2021 年 12 月 03 日　　打印柜员：2　　验证码：115594399350

图 8-10　银行回单

【任务 2-5】

12 月 3 日，采购入库。原始凭证如图 8-11 所示。

入库单

No. 22702314

供货单位：北京华苑纺织有限公司　　2021 年 12 月 03 日

编号	品名	规格	单位	数量	单价	金额	备注
001	单幅窗帘	400CM*250CM	套	2,500	178.85	447,125.00	
002	双幅窗帘	800CM*250CM	套	3,600	342.68	1,233,648.00	
合			计			¥1,680,773.00	

仓库主管：林华　　记账：胡燕燕　　保管：李萍　　经手人：李萍　　制单：李萍

图 8-11　入库单

【任务 2-6】

12 月 3 日，根据与北京迎宾酒店有限公司签订的合同发出货物，开具增值税专用发票。原始凭证如图 8-12 和图 8-13 所示。

购销合同

合同编号：21091497

购货单位（甲方）：北京迎宾酒店有限公司
供货单位（乙方）：北京阳光窗帘加工有限公司

根据《中华人民共和国合同法》及国家相关法律、法规之规定，甲乙双方本着平等互利的原则，就甲方购买乙方货物一事达成以下协议。

一、货物的名称、数量及价格：

货物名称	规格型号	单位	数量	单价	金额	税率	价税合计
单幅窗帘	400CM×250CM	套	2.000	318.00	636,000.00	13%	718,680.00
合计（大写）	柒拾壹万捌仟陆佰捌拾元整						¥718,680.00

二、交货方式和费用承担：交货方式：销货方送货，交货时间：2021年12月03日前，
交货地点：北京市怀柔区安顺路19号，运费由 销货方 承担。

三、付款时间与付款方式：预收账款30%，2022年1月1日以转账支票结算方式支付剩余70%货款
_____。

四、质量异议期：订货方对供货方的货物质量有异议时，应在收到货物后 7天 内提出，逾期视为货物质量合格。

五、未尽事宜经双方协商可作补充规定，与本合同具有同等效力。

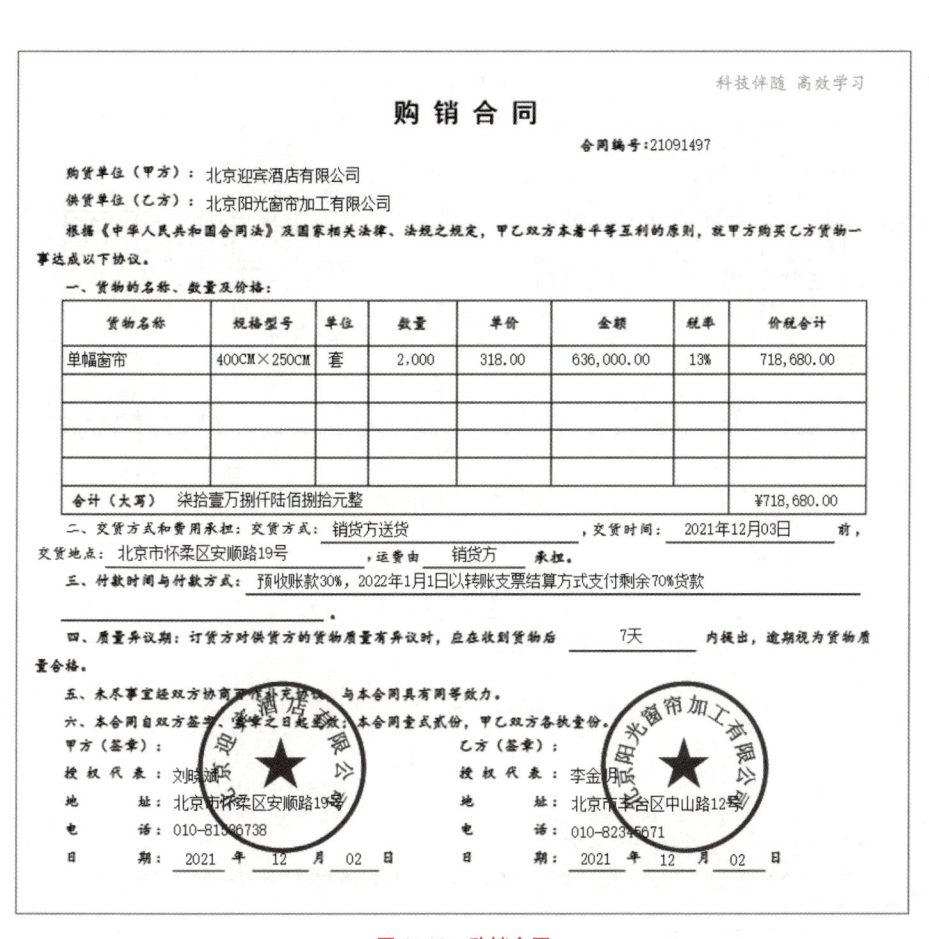

六、本合同自双方签字、盖章之日起生效，本合同壹式贰份，甲乙双方各执壹份。

甲方（签章）：   乙方（签章）：
授权代表： 刘晓滨   授权代表： 李金明
地 址：北京市怀柔区安顺路19号   地 址：北京市丰台区中山路12号
电 话：010-81596738   电 话：010-82345671
日 期： 2021 年 12 月 02 日   日 期： 2021 年 12 月 02 日

图 8-12 购销合同

出库单

No. 29650331

购货单位：北京迎宾酒店有限公司　　　2021 年 12 月 03 日

编号	品名	规格	单位	数量	单价	金额	备注
01	单幅窗帘	400CM×250CM	套	2,000			
	合			计			

仓库主管：李萍　　记账：胡燕燕　　保管：林华　　经手人：孙一桥　　制单：李萍

第二联 记账联

图 8-13 出库单

【任务 2-7】

12月3日，根据与北京迎宾酒店有限公司签订的合同，核销预收款，收到尾款。原始凭证如图 8-14 所示。

中国工商银行　进账单（收账通知）

2021 年 12 月 03 日　　3　　No 36862529

出票人	全称	北京迎宾酒店有限公司	收款人	全称	北京阳光窗帘加工有限公司
	账号	6340000097325836156		账号	6002405861237322
	开户银行	中国建设银行北京安顺路支行		开户银行	中国工商银行北京中山支行

金额（大写）：伍拾万叁仟零柒拾陆元整　　￥503076.00

票据种类：转账支票　　票据张数：1
票据号码：06296994

收款人开户银行签章：中国工商银行北京中山支行　2021.12.03　转讫

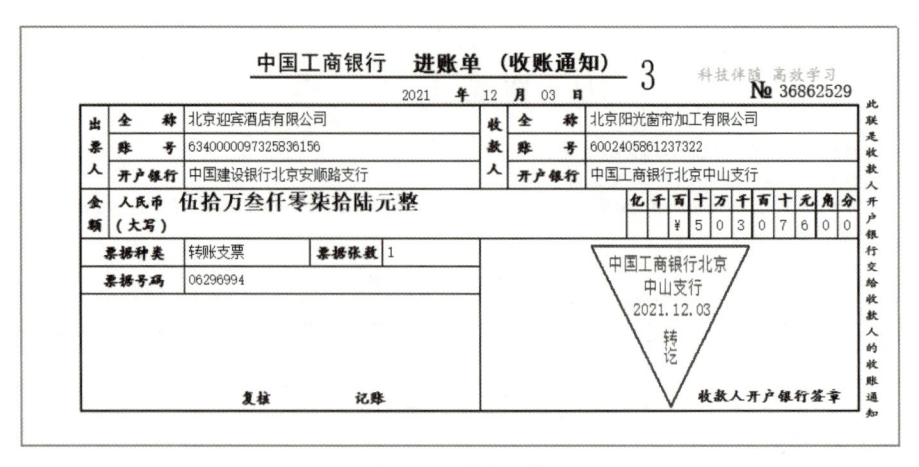

复核　　记账

图 8-14　银行回单

【任务 2-8】

12 月 3 日，与北京月亮度假村有限公司签订销售合同。当日发出货物，开具增值税普通发票。原始凭证如图 8-15 和图 8-16 所示。

购销合同

合同编号：55047128

购货单位（甲方）：北京月亮度假村有限公司
供货单位（乙方）：北京阳光窗帘加工有限公司

根据《中华人民共和国合同法》及国家相关法律、法规之规定，甲乙双方本着平等互利的原则，就甲方购买乙方货物一事达成以下协议：

一、货物的名称、数量及价格：

货物名称	规格型号	单位	数量	单价	金额	税率	价税合计
双幅窗帘	800CM×250CM	套	50	528.00	26,400.00	13%	29,832.00
合计（大写）	贰万玖仟捌佰叁拾贰元整						￥29,832.00

二、交货方式和费用承担：交货方式：销货方送货　　交货时间：2021年12月03日　前。
交货地点：北京市昌平区平安路121号　，运费由　销货方　承担。

三、付款时间与付款方式：2021年12月3日以银行汇票结算方式支付货款

四、质量异议期：订货方对供货方的货物质量有异议时，应在收到货物后　7天　内提出，逾期视为货物质量合格。

五、未尽事宜经双方协商后签订补充合同，与本合同具有同等效力。

六、本合同自双方签字、盖章之日起生效。本合同壹式贰份，甲乙双方各执壹份。

甲方（签章）：　　　　　　　　　　乙方（签章）：
授权代表：陈海峰　　　　　　　　　授权代表：李金明
地　址：北京市昌平区平安路121号　　地　址：北京市丰台区中山路12号
电　话：010-85128915　　　　　　　电　话：010-82345671
日　期：2021 年 12 月 03 日　　　　日　期：2021 年 12 月 03 日

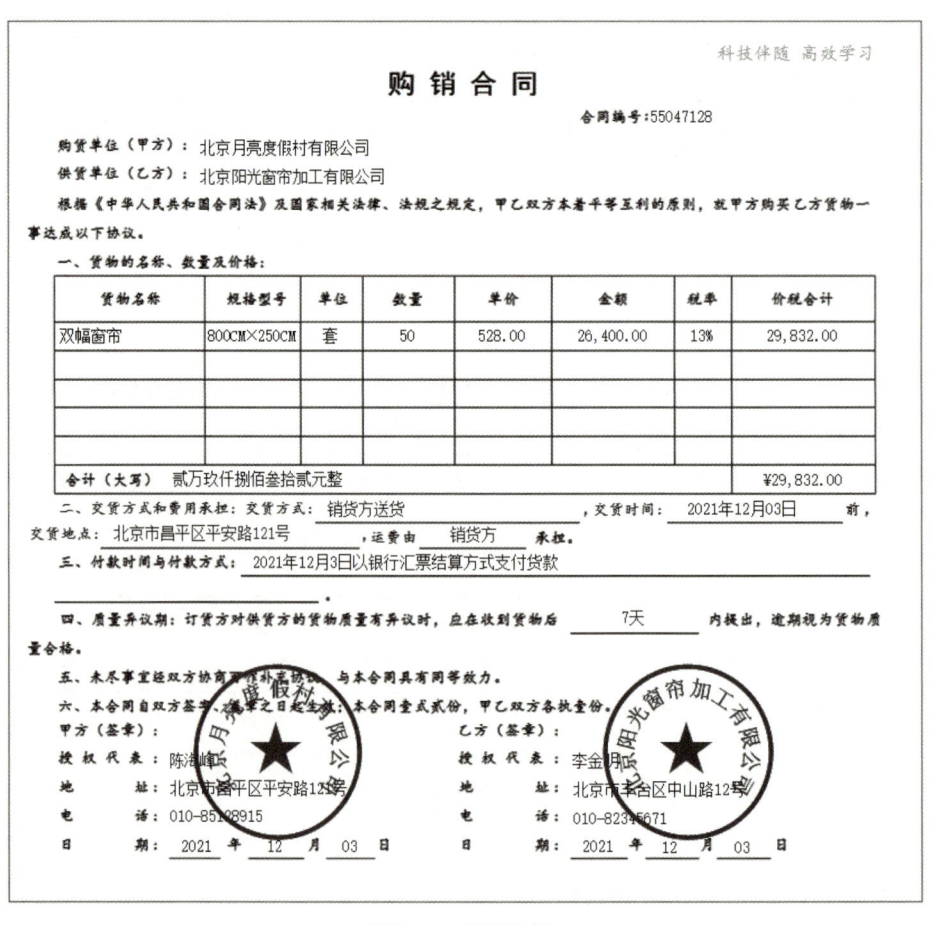

图 8-15　购销合同

出 库 单　　No. 19363995

购货单位：北京月亮度假村有限公司　　2021 年 12 月 03 日

编号	品名	规格	单位	数量	单价	金额	备注
02	双幅窗帘	800CM×250CM	套	50			
合计							

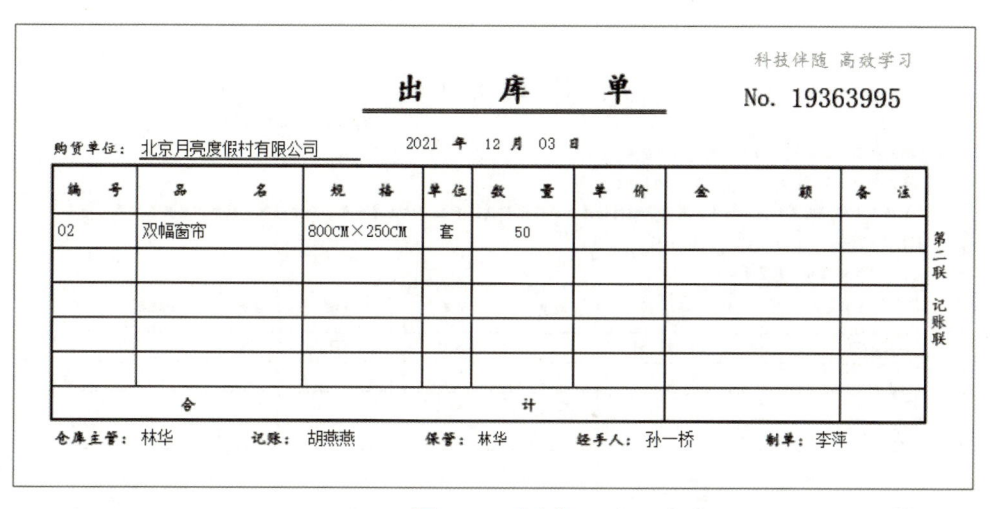

仓库主管：林华　　记账：胡燕燕　　保管：林华　　经手人：孙一桥　　制单：李萍

第二联 记账联

图 8-16　出库单

【任务 2-9】

12 月 3 日，收到北京月亮度假村有限公司款项。原始凭证如图 8-17 所示。

中国工商银行　进账单（收账通知）　3

2021 年 12 月 03 日　　№ 36862530

出票人　全称：北京月亮度假村有限公司
　　　　账号：6222000036171205331
　　　　开户银行：中国工商银行北京海青路支行

收款人　全称：北京阳光窗帘加工有限公司
　　　　账号：6002405861237322
　　　　开户银行：中国工商银行北京中山支行

金额　人民币（大写）　贰万玖仟捌佰叁拾贰元整　　￥29832.00

票据种类：银行汇票　　票据张数：1
票据号码：58932283

中国工商银行北京中山支行　2021.12.03　转讫

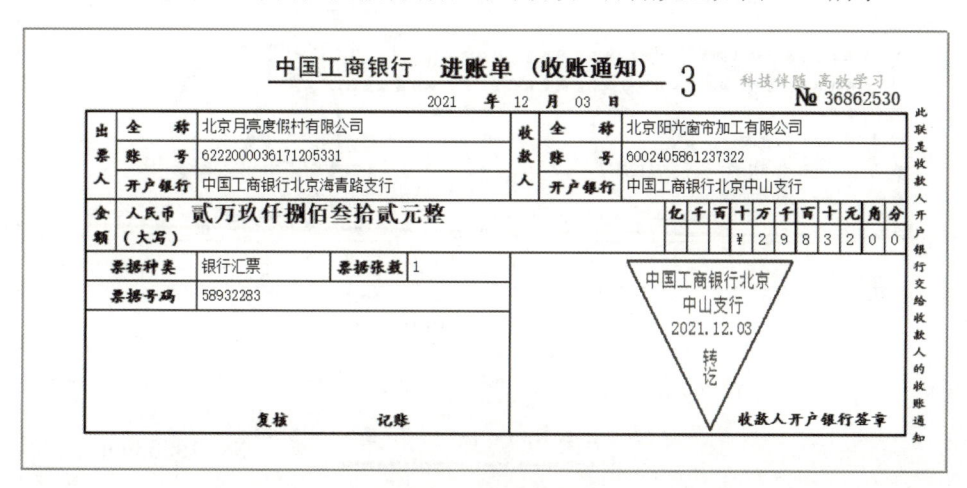

复核　　记账　　收款人开户银行签章

此联是收款人开户银行交给收款人的收账通知

图 8-17　银行回单

【任务 2-10】

12 月 5 日，与北京月亮度假村有限公司签订销售合同，开具增值税电子发票。当日发出货物，款项尚未收到。原始凭证如图 8-18 和图 8-19 所示。

购销合同

合同编号：50236346

购货单位（甲方）：北京月亮度假村有限公司
供货单位（乙方）：北京阳光窗帘加工有限公司

根据《中华人民共和国合同法》及国家相关法律、法规之规定，甲乙双方本着平等互利的原则，就甲方购买乙方货物一事达成以下协议。

一、货物的名称、数量及价格：

货物名称	规格型号	单位	数量	单价	金额	税率	价税合计
单幅窗帘	400CM×250CM	套	50	318.00	15,900.00	13%	17,967.00
合计（大写）	壹万柒仟玖佰陆拾柒元整						¥17,967.00

二、交货方式和费用承担：交货方式：销货方送货，交货时间：2021年12月11日 前
交货地点：北京市昌平区平安路121号，运费由 销货方 承担。

三、付款时间与付款方式： 2021年12月27日以转账支票结算方式支付货款

四、质量异议期：订货方对供货方的货物质量有异议时，应在收到货物后 7天 内提出，逾期视为货物质量合格。

五、未尽事宜经双方协商可作补充协议，与本合同具有同等效力。

六、本合同自双方签字、盖章之日起生效，本合同壹式贰份，甲乙双方各执壹份。

甲方（签章）：   乙方（签章）：
授权代表：陈海峰   授权代表：李金明
地 址：北京市昌平区平安路121号   地 址：北京市丰台区中山路12号
电 话：010-85128915   电 话：010-82345671
日 期：2021 年 12 月 05 日   日 期：2021 年 12 月 05 日

图 8-18 购销合同

出库单

No. 19363996

购货单位：北京月亮度假村有限公司   2021 年 12 月 05 日

编号	品名	规格	单位	数量	单价	金额	备注
01	单幅窗帘	400CM×250CM	套	50			
合			计				

第二联 记账联

仓库主管：林华   记账：胡燕燕   保管：林华   经手人：孙一桥   制单：李萍

图 8-19 出库单

【任务2-11】

12月6日，销售部李嘉欣报销因招待客户所发生的餐费，款项已付讫。原始凭证如图8-20和图8-21所示。

图8-20 增值税电子普通发票

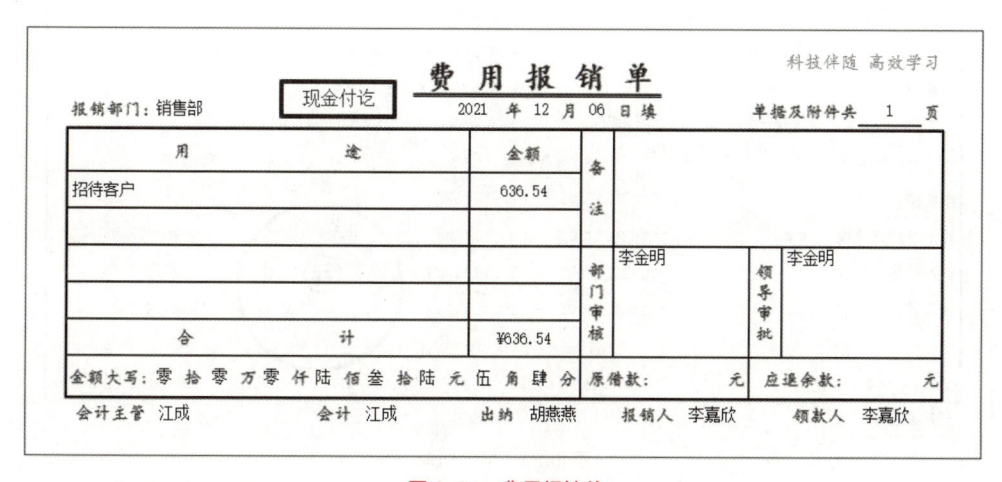

图8-21 费用报销单

【任务2-12】

12月6日，缴纳11月个人所得税、增值税及附加税。原始凭证如图8-22和图8-23所示。

中国工商银行

凭证

电子缴税付款凭证

缴税日期： 2021 年 12 月 06 日　　　　凭证字号：20100010

纳税人全称及纳税人识别号：北京阳光窗帘加工有限公司　　91MP0110862387554R

付款人全称：北京阳光窗帘加工有限公司

付款人账号：6002405861237322　　征收机关名称：北京市地方税务局

付款人开户行：中国工商银行北京中山支行　　收款国库（银行）名称：北京市丰台区金库

小写(合计)金额： ¥1,513.34 元　　缴款书交易流水号：04882519

大写(合计)金额：壹仟伍佰壹拾叁元叁角肆分　　税票号码： 527846254552412832

税（费）种名称	所属日期	实缴金额
个人所得税	2021.11.01 - 2021.11.30	¥1,513.34

中国工商银行北京中山支行 电子回单专用章

第 1 次打印　　打印时间： 2021 年 12 月 06 日

客户回单联　　验证码：528169　　复核：　　记账：

图 8-22　银行回单

中国工商银行

凭证

电子缴税付款凭证

缴税日期： 2021 年 12 月 06 日　　　　凭证字号：20100011

纳税人全称及纳税人识别号：北京阳光窗帘加工有限公司　　91MP0110862387554R

付款人全称：北京阳光窗帘加工有限公司

付款人账号：6002405861237322　　征收机关名称：北京市地方税务局

付款人开户行：中国工商银行北京中山支行　　收款国库（银行）名称：北京市丰台区金库

小写(合计)金额： ¥81,328.80　　缴款书交易流水号：46054338

大写(合计)金额：捌万壹仟叁佰贰拾捌元捌角整　　税票号码： 527846254552412832

税（费）种名称	所属日期	实缴金额
增值税	2021.11.01 - 2021.11.30	¥72,615.00
城市维护建设税	2021.11.01 - 2021.11.30	¥5,083.05
教育费附加	2021.11.01 - 2021.11.30	¥2,178.45
地方教育费附加	2021.11.01 - 2021.11.30	¥1,452.30

中国工商银行北京中山支行 电子回单专用章

第 1 次打印　　打印时间： 2021 年 12 月 06 日

客户回单联　　验证码：940148　　复核：　　记账：

图 8-23　银行回单

【任务 2-13】

12 月 8 日，赊购存货。原始凭证如图 8-24 和图 8-25 所示。

单元八 综合训练

购销合同

合同编号：46812731

购货单位（甲方）：北京阳光窗帘加工有限公司
供货单位（乙方）：北京金星纺织品商贸有限公司

根据《中华人民共和国合同法》及国家相关法律、法规之规定，甲乙双方本着平等互利的原则，就甲方购买乙方货物一事达成以下协议。

一、货物的名称、数量及价格：

货物名称	规格型号	单位	数量	单价	金额	税率	价税合计
单幅窗帘	400CM*250CM	套	5,000	178.85	894,250.00	13%	1,010,502.50
双幅窗帘	800CM*250CM	套	6,000	342.68	2,056,080.00	13%	2,323,370.40
合计（大写）	叁佰叁拾叁万叁仟捌佰柒拾贰元玖角整						¥3,333,872.90

二、交货方式和费用承担：交货方式：销货方送货 ，交货时间：2021年12月08日 前。
交货地点：北京市丰台区中山路12号 ，运费由 供货方 承担。

三、付款时间与付款方式：经购货方验货合格后以银行转账的方式在30日内付款。

四、质量异议期：订货方对供货方的货物质量有异议时，应在收到货物后 7日 内提出，逾期视为货物质量合格。

五、未尽事宜经双方协商可作补充规定，与本合同具有同等效力。

六、本合同自双方签章之日起生效，本合同壹式贰份，甲乙双方各执壹份。

甲方（签章）：　　　　　　　　　　乙方（签章）：
授权代表：李金明　　　　　　　　　授权代表：马军
地　　址：北京市丰台区中山路12号　地　　址：北京市大兴区光明路17号
电　　话：010-82345671　　　　　 电　　话：010-88210967
日　　期：2021 年 12 月 08 日　　日　　期：2021 年 12 月 08 日

图 8-24 购销合同

北京增值税专用发票

1100191140
№ 85583624
1100191140
85583624

机器编号：982888812388
开票日期：2021年12月08日

购买方：
名　　称：北京阳光窗帘加工有限公司
纳税人识别号：91MP0110862387554R
地址、电话：北京市丰台区中山路12号010-82345671
开户行及账号：中国工商银行北京中山支行6002405861237322

密码区：#%16*71%7%6563#-0%9095**%1%>2436904%82%41509%#86->%64%>04779#%983>#9#7*25#6008566#-842172#%01149*-3449%*13%>%9%93

货物或应税劳务、服务名称	规格型号	单位	数量	单价	金额	税率	税额
*窗帘及类似品*单幅窗帘	400CM*250CM	套	5,000	178.85	894,250.00	13%	116,252.50
*窗帘及类似品*双幅窗帘	800CM*250CM	套	6,000	342.68	2,056,080.00	13%	267,290.40
合　计					¥2,950,330.00		¥383,542.90

价税合计（大写）：叁佰叁拾叁万叁仟捌佰柒拾贰元玖角整　（小写）¥3,333,872.90

销售方：
名　　称：北京金星纺织品商贸有限公司
纳税人识别号：91110115743912876B
地址、电话：北京市大兴区光明路17号010-88210967
开户行及账号：中国建设银行北京光明支行6340001283300713129

校验码：52118 02812 02422 00791
收款人：郭欣怡　复核：马微松　开票人：郭欣怡

图 8-25 增值税专用发票

137

【任务 2-14】

12月8日，采购入库，单幅窗帘发生2套合理损耗。原始凭证如图8-26所示。

入库单

No. 05542693

供货单位：北京金星纺织品商贸有限公司　　2021年12月08日

编号	品名	规格	单位	数量	单价	金额	备注
001	单幅窗帘	400CM*250CM	套	4,998	178.92	894,250.00	合理损耗
002	双幅窗帘	800CM*250CM	套	6,000	342.68	2,056,080.00	
	合计					¥2,950,330.00	

仓库主管：林华　　记账：胡燕燕　　保管：李萍　　经手人：李萍　　制单：李萍

图8-26 入库单

【任务 2-15】

12月10日，缴纳社会保险费。原始凭证如图8-27所示。

社会保险费电子转账凭证

凭证号：55002514　　凭证提交号：03814620

2021年12月10日

	全称	北京阳光窗帘加工有限公司		全称	北京市丰台区社会保险事业管理中心
申请人	账号	6002405861237322	收款人	账号	6222403361233342
	开户银行	中国工商银行北京中山支行		开户银行	工行北京市分行
	行号	098448589289		行号	332448533132

金额　人民币（大写）　玖万柒仟叁佰伍拾陆元零壹分　　￥97356.01

亿千百十万千百十元角分
　　　　　　 9 7 3 5 6 0 1

摘要：
代扣号：
养老小计：61,488.00　　单位养老：40,992.00　　个人养老：20,496.00
失业小计：2,562.00　　单位失业：2,049.60　　个人失业：512.40
医疗小计：30,744.01　　单位医疗：25,620.01　　个人医疗：5,124.00
工伤小计：512.40　　单位工伤：512.40
生育小计：2,049.60　　单位生育：2,049.60
合计：97,356.01　　合计：71,223.61　　合计：26,132.40

中国工商银行
工行北京市分行
2021.12.10
业务受理专用章

转账时间：2021年12月10日10时28分

打印次数：1

复核　　记账

第二联 缴费单位记账凭证

图8-27 社会保险费电子转账凭证

【任务 2-16】

11日，采购部梁天报销差旅费。原始凭证如图8-28至图8-32所示。

差旅费报销单

部门：采购部　　　　　　　　　　2021 年 12 月 11 日

出差人	梁天					出差事由		采购				
出发			到达			交通工具	交通费		出差补贴		其他费用	
月	日	时	地点	月	日	时	地点		单据张数	金额	天数	金额	项目	单据张数	金额
12	02		北京	12	02		武汉	火车	1	520.00	3	300.00	住宿费	1	496.00
12	04		武汉	12	04		北京	火车	1	520.00			市内车费	2	90.00
													邮电费		
													办公用品费		
													不买卧铺补贴		
													其他	1	317.00
合计									2	¥1,040.00		¥300.00		4	¥903.00
报销总额	人民币（大写）	贰仟贰佰肆拾叁元整				预借金额			补领金额		¥2,243.00	
									退还金额			

主管 李金明　　审核 江成　　出纳 胡燕燕　　领款人 梁天

附件 6 张

图 8-28　差旅费报销单

图 8-29　火车票

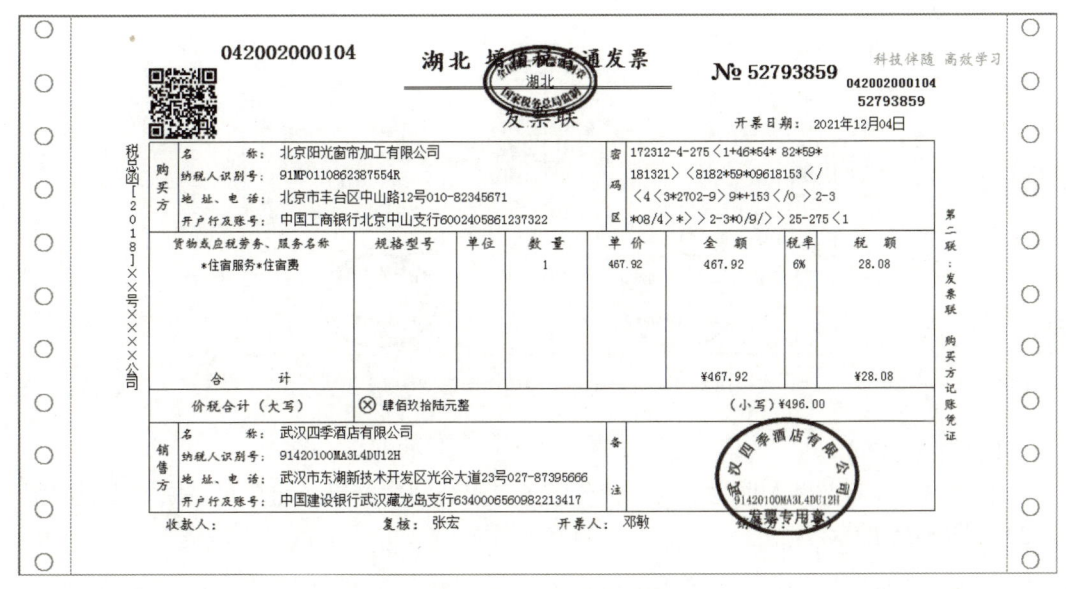

图 8-30　增值税普通发票

图 8-31 增值税普通发票

图 8-32 出租车发票

【任务 2-17】

12月12日，支付本月北京丽华设备服务有限公司生产设备租赁费。原始凭证如图 8-33 至图 8-35 所示。

单元八　综合训练

```
1100151140                北京增值税专用发票         No 86816142
                                                   1100151140
                                                   86816142
机器编号：982888812388              开票日期：2021年12月12日

购    名    称：北京阳光窗帘加工有限公司     密 172312-4-275<1+46*54* 82*59*
买    纳税人识别号：91MP0110862387554R    码 181321>〈8182*59*09618153〈/
方    地址、电话：北京市丰台区中山路12号010-82345671  区 <4<3*2702-9>9*+153</0 >2-3
      开户行及账号：中国工商银行北京中山支行6002405861237322 *08/4>*>>2-3*0/9/>>25-275<1

货物或应税劳务、服务名称  规格型号   单位  数量   单价      金额       税率    税额
经营租赁*租赁服务        大型烫平机   月   1   10,000.00  10,000.00   13%   1,300.00

合    计                                        ￥10,000.00         ￥1,300.00
价税合计（大写）　壹万壹仟叁佰元整　　　　　　　　　（小写）￥11,300.00

销    名    称：北京丽华设备服务有限公司   备 校验码 52118 02812 [发票专用章]
售    纳税人识别号：911101022988712263    注
方    地址、电话：北京市通州区潞苑北大街20号010-26763590
      开户行及账号：中国工商银行北京永顺潞苑支行6222002298442100991

收款人：晨光    复核：李雨轩    开票人：焦安倩
```

图 8-33　增值税专用发票

北京阳光窗帘加工有限公司　付款申请单

2021 年 12 月 12 日

申请部门：	生产车间			
摘　要	生产租赁费		合同编号	
合同金额			已付金额	
付款金额	人民币（大写）壹万壹仟叁佰元整		￥：11,300.00	
付款方式	□现金　☑网银转账　□转账支票　□电汇　□银行汇票　□银行本票　□银行承兑汇票　□其他		用款日期	2021-12-12
收款单位	北京丽华设备服务有限公司		领款人	王珊
总经理：李金明	财务部经理：江成	部门经理：王浩	经办人：王珊	

图 8-34　付款申请单

中国工商银行

业务回单（付款）

日期：2021 年 12 月 12 日　　　回单编号：43494267097

付款人户名：　北京阳光窗帘加工有限公司　　付款人开户行：　中国工商银行北京中山支行
付款人账号(卡号)：6002405861237322
收款人户名：　北京丽华设备服务有限公司　　收款人开户行：　中国工商银行北京永顺潞苑支行
收款人账号(卡号)：6222002298442100991
金　额：　壹万壹仟叁佰元整　　　　　　　　　　小写：　￥11,300.00
业务(产品)种类：　　　　凭证种类：2853015045　　凭证号码：864321662964406444
摘　要：生产设备租赁费　用　途：　　　　　　　　币　种：人民币
交易机构：3433426202　记账柜员：92146　交易代码：34466　渠道：
6222002298442100991

[中国工商银行北京中山支行 电子回单专用章]

本回单为第 1 次打印，注意重复　打印日期：2021 年 12 月 12 日　打印柜员：8　验证码：401706601086

图 8-35　银行回单

【任务 2-18】

12月13日，从北京左蓝艺术设计有限公司购入窗帘款式设计权，款项已支付。原始凭证如图 8-36 至图 8-39 所示。

① 资产编码：2010022。

② 摊销年限：5 年。

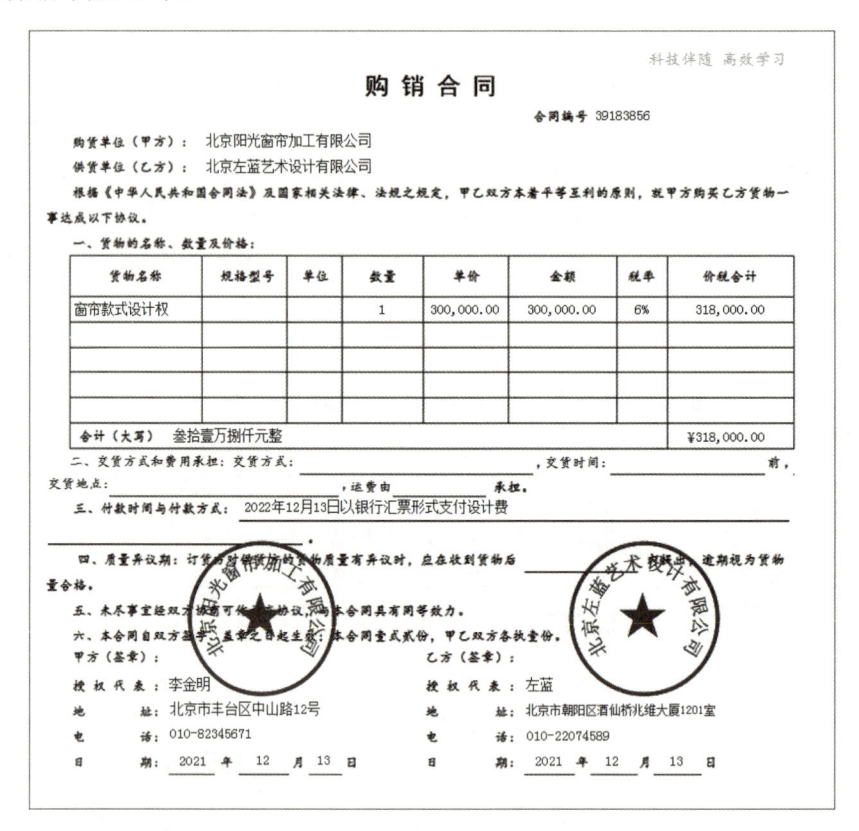

图 8-36　购销合同

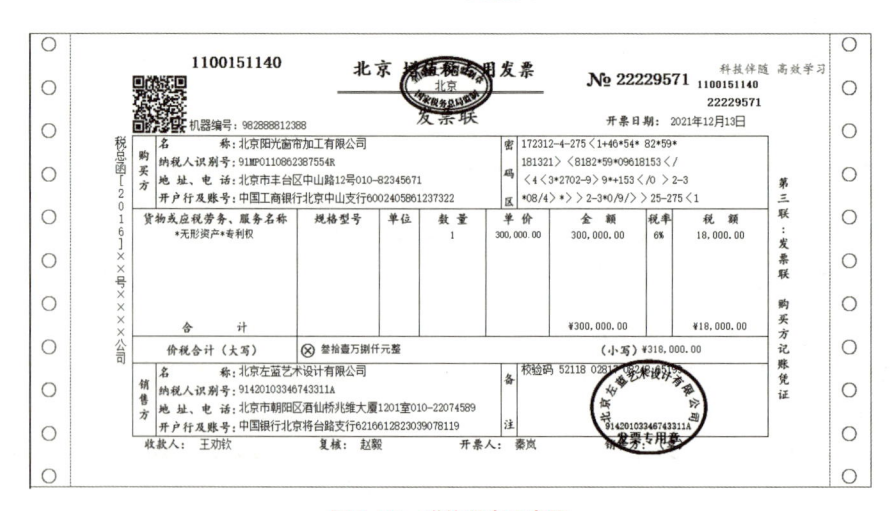

图 8-37　增值税专用发票

单元八　综合训练

北京阳光窗帘加工有限公司 付款申请单

2021 年 12 月 13 日

申请部门：	生产车间					
摘　要	窗帘款式设计权			合同编号	39183856	
合同金额	叁拾壹万捌仟元整			已付金额		
付款金额	人民币（大写）叁拾壹万捌仟元整			￥318,000.00		
付款方式	□现金　　☑网银转账	□转账支票　□电汇	□银行汇票　□银行本票	□银行承兑汇票　□其他	用款日期	2021-12-13
收款单位	北京左蓝艺术设计有限公司			领款人	王小	
总经理：李金明		财务部经理：江成		部门经理：王浩		经办人：王小

图 8-38　付款申请单

中国工商银行 凭证

业务回单（付款）

日期：2021 年 12 月 13 日　　回单编号：52576590609

付款人户名：北京阳光窗帘加工有限公司　　付款人开户行：中国工商银行北京中山支行
付款人账号(卡号)：6002405861237322
收款人户名：北京左蓝艺术设计有限公司　　收款人开户行：中国银行北京将台路支行
收款人账号(卡号)：6216612823039078119
金额：叁拾壹万捌仟元整　　　　　　　　　小写：￥318,000.00
业务（产品）种类：　　凭证种类：0388277712　　凭证号码：08069937817212887
摘要：专利费　　　　　用途：　　　　　　　　币种：人民币
交易机构：6686204365　记账柜员：51906　交易代码：19718　渠道：
6216612823039078119

（中国工商银行北京中山支行 电子回单专用章）

本回单为第 1 次打印，注意重复　打印日期：2021 年 12 月 13 日　打印柜员：6　验证码：727984427393

图 8-39　银行回单

【任务 2-19】

12 月 21 日，支付本月银行贷款利息。原始凭证如图 8-40 所示。

中国工商银行 计（付）利息清单

日期：2021 年 12 月 21 日　总字第 2706 号　专字第 001 号

户名	北京阳光窗帘加工有限公司	账号	6002405861237322	会计分录：
计息计算时间	2021 年 12 月 02 日	至	2021 年 12 月 21 日	（付）对方科目（收）：复核　记账　制单
积数	5,000,000.00	月息	3.625 %	（银行盖章）
利息金额	人民币（大写）壹万捌仟壹佰贰拾伍元整	转讫	￥ 1 8 1 2 5 0 0	2021 年 12 月 21 日

（中国工商银行北京中山支行）

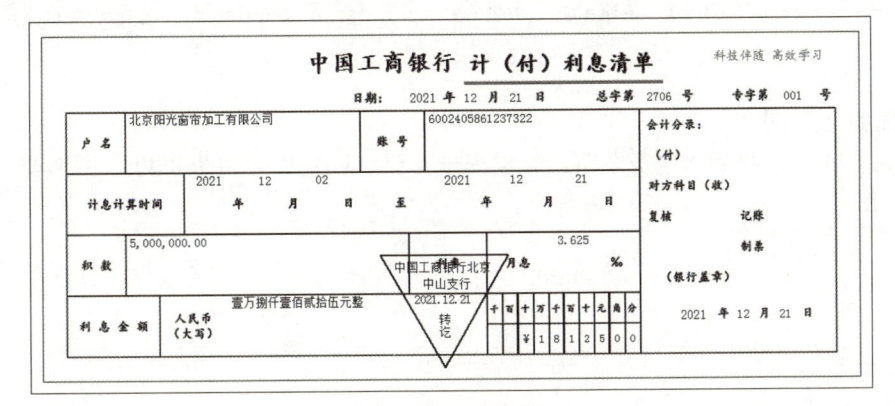

图 8-40　银行回单

智能会计信息系统应用

【任务 2-20】

12 月 31 日，计提资产折旧摊销。

【任务 2-21】

12 月 31 日，计提分配工资、社保及公积金，支付员工工资，代扣"三险一金"及个人所得税。原始凭证如图 8-41 所示。

员工工资表导入模板

中国工商银行

业务回单（付款）

日期：	2021 年 12 月 31 日	回单编号：	85419728335
付款人户名：	北京阳光窗帘加工有限公司	付款人开户行：	中国工商银行北京中山支行
付款人账号(卡号)：	6002405861237322		
收款人户名：		收款人开户行：	
收款人账号(卡号)：			
金额：	壹拾玖万柒仟柒佰肆拾壹元肆角捌分	小写：	￥197,741.48
业务(产品)种类：		凭证种类：	4332283416	凭证号码：	911249409988838266
摘要：	代发工资	用途：		币种：	人民币
交易机构：	7078603167	记账柜员：	27598	交易代码：	85490	渠道：	

（中国工商银行北京中山支行 电子回单专用章）

本回单为第 1 次打印，注意重复   打印日期： 2021 年 12 月 31 日 打印柜员：2   验证码：756224397682

图 8-41 银行回单

【任务 2-22】

12 月 31 日，收到水电费发票，款项尚未支付。原始凭证如图 8-42 至图 8-45 所示。

图 8-42 增值税专用发票

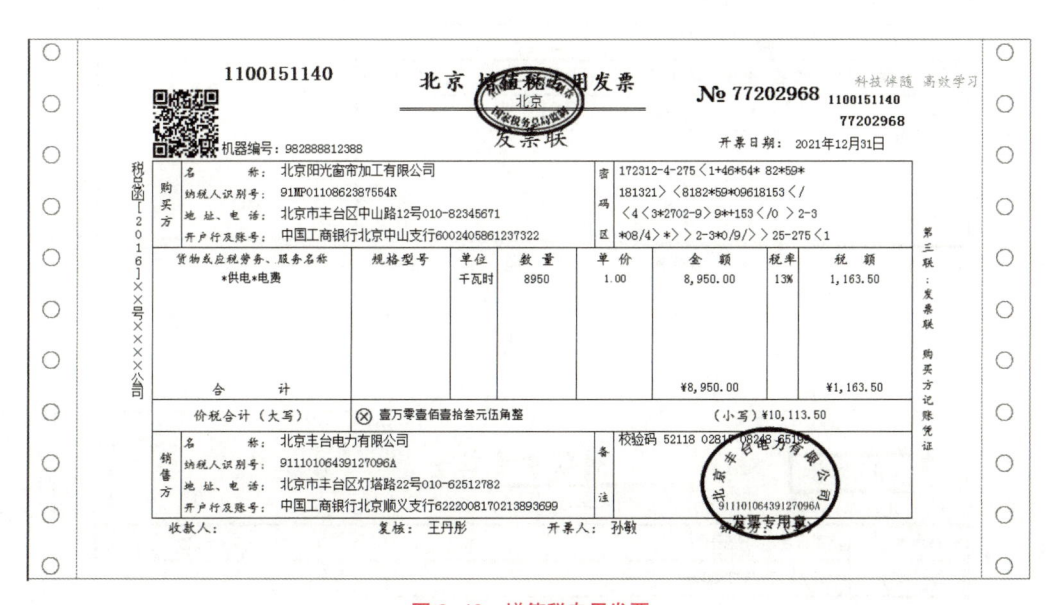

图 8-43 增值税专用发票

外购水费分配表

2021 年 12 月 31 日

金额单位：元

受益对象	计量单位	单 价	分配金额
管理部门	吨	8 元/吨	1,768

图 8-44 外购水费分配表

外购电费分配表

2021 年 12 月 31 日   金额单位：元

受益对象	计量单位	耗用量	单价/（元/千瓦时）	分配金额
销售部门	千瓦时	3,000	1	3,000
管理部门	千瓦时	5,950	1	5,950
合　计		8,950	1	8,950

图 8-45　外购电费分配表

【任务 2-23】

12 月 31 日，支付本月水电费款项。原始凭证如图 8-46 至图 8-49 所示。

付款申请书（银行付讫）

2021 年 12 月 31 日填　　　　　字　1　号

收款单位	北京丰台自来水有限公司	付款原因
账　号	6340000043120787812	水费
开户行	中国建设银行北京顺义支行	
金　额	零佰零拾零万壹仟玖佰贰拾柒元壹角贰分	
附件　　张	金额（小写）¥1,927.12	
审批　李金明	财务　江成	

财务主管 江成　　记账 胡燕燕　　复核 江成　　出纳 李琳　　制单 胡燕燕

图 8-46　付款申请书

付款申请书（银行付讫）

2021 年 12 月 31 日填　　　　　字　2　号

收款单位	北京丰台电力有限公司	付款原因
账　号	6222008170213893699	电费
开户行	中国工商银行北京顺义支行	
金　额	零佰零拾壹万零仟壹佰壹拾叁元伍角零分	
附件　　张	金额（小写）¥10,113.50	
审批　李金明	财务　江成	

财务主管 江成　　记账 胡燕燕　　复核 江成　　出纳 李琳　　制单 胡燕燕

图 8-47　付款申请书

中国工商银行

业务回单（付款）

日期： 2021 年 12 月 31 日　　回单编号： 49726345529

付款人户名：	北京阳光窗帘加工有限公司	付款人开户行：	中国工商银行北京中山支行
付款人账号(卡号)：	6002405861237322		
收款人户名：	北京丰台自来水有限公司	收款人开户行：	中国建设银行北京顺义支行
收款人账号(卡号)：	6340000043120787812		
金额：	壹仟玖佰贰拾柒元壹角贰分	小写：	￥1,927.12
业务(产品)种类：		凭证种类： 3476137134	凭证号码： 92673477179416346
摘要：	水费	用途：	币种： 人民币
交易机构： 4047558291	记账柜员： 55653	交易代码： 49607	渠道：

6340000043120787812

（中国工商银行北京中山支行 电子回单专用章）

本回单为第 1 次打印，注意重复　打印日期： 2021 年 12 月 31 日　打印柜员：9　验证码：553029710916

图 8-48　银行回单

中国工商银行

业务回单（付款）

日期： 2021 年 12 月 31 日　　回单编号： 65079513831

付款人户名：	北京阳光窗帘加工有限公司	付款人开户行：	中国工商银行北京中山支行
付款人账号(卡号)：	6002405861237322		
收款人户名：	北京丰台电力有限公司	收款人开户行：	中国工商银行北京顺义支行
收款人账号(卡号)：	6222008170213893699		
金额：	壹万零壹佰壹拾叁元伍角整	小写：	￥10,113.50
业务(产品)种类：		凭证种类： 0739979441	凭证号码： 55191800354163963
摘要：	电费	用途：	币种： 人民币
交易机构： 1300480618	记账柜员： 08048	交易代码： 03226	渠道：

6222008170213893699

（中国工商银行北京中山支行 电子回单专用章）

本回单为第 1 次打印，注意重复　打印日期： 2021 年 12 月 31 日　打印柜员：6　验证码：561722252548

图 8-49　银行回单

【任务 2-24】

12月31日，与北京如意山庄有限公司签订销售合同。当日发出货物，开具增值税专用发票。原始凭证如图 8-50 和图 8-51 所示。

购销合同

合同编号 61420139

购货单位（甲方）：北京如意山庄有限公司
供货单位（乙方）：北京阳光窗帘加工有限公司

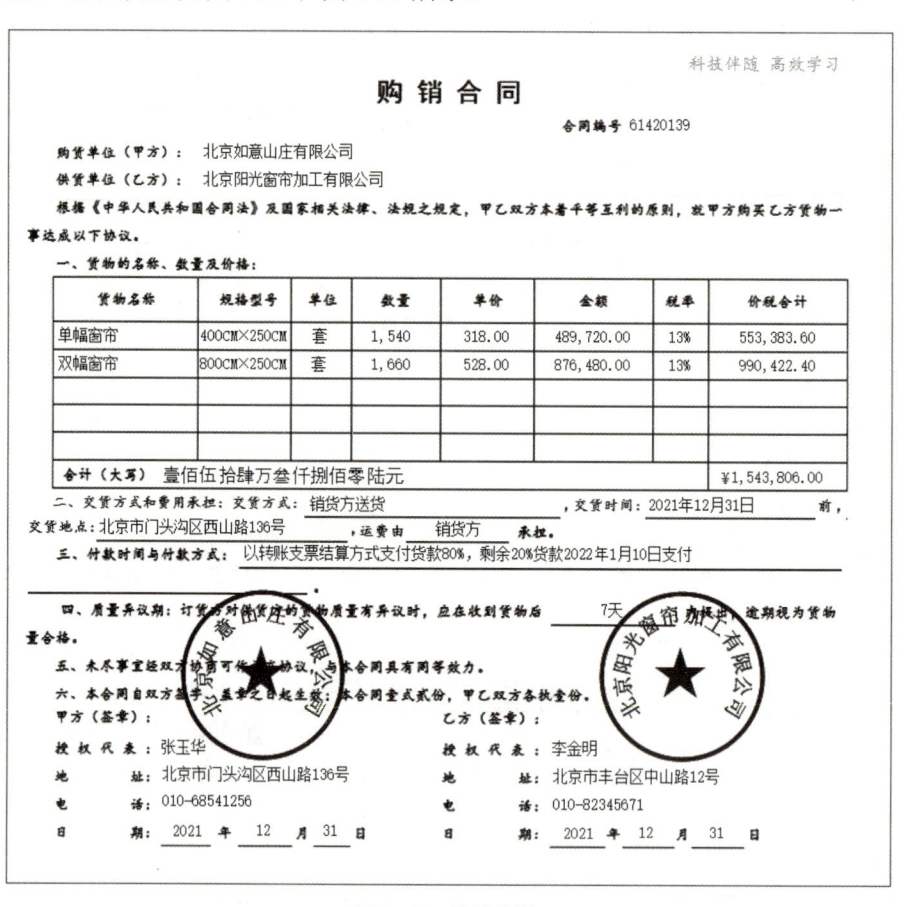

根据《中华人民共和国合同法》及国家相关法律、法规之规定，甲乙双方本着平等互利的原则，就甲方购买乙方货物一事达成以下协议。

一、货物的名称、数量及价格：

货物名称	规格型号	单位	数量	单价	金额	税率	价税合计
单幅窗帘	400CM×250CM	套	1,540	318.00	489,720.00	13%	553,383.60
双幅窗帘	800CM×250CM	套	1,660	528.00	876,480.00	13%	990,422.40

合计（大写）壹佰伍拾肆万叁仟捌佰零陆元　　　　　¥1,543,806.00

二、交货方式和费用承担：交货方式：销货方送货　　交货时间：2021年12月31日前
交货地点：北京市门头沟区西山路136号，运费由 销货方 承担
三、付款时间与付款方式：以转账支票结算方式支付货款80%，剩余20%货款2022年1月10日支付
四、质量异议期：订货方对货物的货物质量有异议时，应在收到货物后 7天 办妥理，逾期视为货物质量合格。
五、未尽事宜经双方协商可做补充协议，与本合同具有同等效力。
六、本合同自双方签字、盖章之日起生效，本合同壹式贰份，甲乙双方各执壹份。

甲方（签章）：　　　　　　　　　　　乙方（签章）：
授权代表：张玉华　　　　　　　　　　授权代表：李金明
地　　址：北京市门头沟区西山路136号　地　　址：北京市丰台区中山路12号
电　　话：010-68541256　　　　　　　电　　话：010-82345671
日　　期：2021 年 12 月 31 日　　　　日　　期：2021 年 12 月 31 日

图 8-50　购销合同

出库单

No. 84382245

购货单位：北京如意山庄有限公司　　　2021 年 12 月 31 日

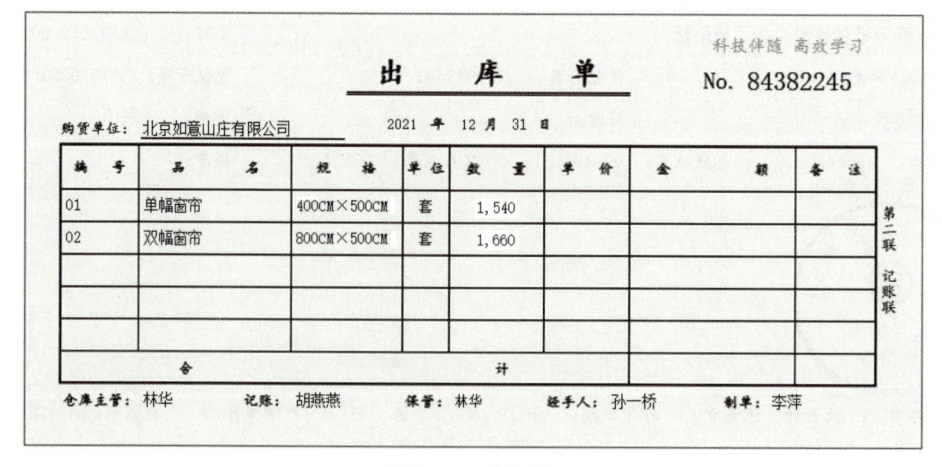

编号	品名	规格	单位	数量	单价	金额	备注
01	单幅窗帘	400CM×500CM	套	1,540			
02	双幅窗帘	800CM×500CM	套	1,660			
	合			计			

仓库主管：林华　记账：胡燕燕　保管：林华　经手人：孙一桥　制单：李萍

第二联 记账联

图 8-51　出库单

【任务 2-25】
12月31日，与北京如意山庄有限公司签订销售合同，收到一笔款项。原始凭证如图 8-52 所示。

中国工商银行
业务回单（收款）

日期：2021 年 12 月 31 日　　回单编号：43802633345

付款人户名：北京如意山庄有限公司　　付款人开户行：中国工商银行北京西山路支行
付款人账号(卡号)：6220006699368201363
收款人户名：北京阳光窗帘加工有限公司　　收款人开户行：中国工商银行北京中山支行
收款人账号(卡号)：6002405861237322
金额：壹佰贰拾叁万伍仟零肆拾肆元捌角整　　小写：¥1,235,044.80
业务(产品)种类：　　凭证种类：0170464917　　凭证号码：967758765906162976
摘要：货款　　用途：　　币种：人民币
交易机构：3817894658　　记账柜员：23113　　交易代码：65443　　渠道：
6002405861237322

本回单为第 1 次打印，注意重复　打印日期：2021 年 12 月 31 日　打印柜员：5　验证码：173893756549

图 8-52　银行回单

（三）期末事项处理

【任务 3-1】
12月31日，结转未缴增值税。

【任务 3-2】
12月31日，计提城建税及教育费附加。

【任务 3-3】
12月31日，计提本月企业所得税。

【任务 3-4】
12月31日，结转本月损益。

【任务 3-5】
12月31日，结转本年利润。

【任务 3-6】
12月31日，计提法定盈余公积。

【任务 3-7】
12月31日，根据董事会决定将本年剩余可分配利润的 30% 向投资者分配。

【任务 3-8】

2022 年 1 月 5 日，进行月末结账。

（四）纳税申报表编制

【任务 4-1】

2022 年 1 月 6 日，申报 2021 年 12 月增值税，进行纳税申报。

【任务 4-2】

2022 年 1 月 6 日，申报 2021 年 12 月城建税及附加税。

【任务 4-3】

2022 年 1 月 6 日，申报第四季度企业所得税。

说明：

① 季初从业人数=季末从业人数。

② 季初资产总额=1 652.57 万元。

③ 处理完毕 2021 年 12 月所有业务后再进行纳税申报。